HYGIÈNE
DE L'ESPRIT

AU POINT DE VUE PRATIQUE

DE LA PRÉSERVATION DES MALADIES MENTALES

ET NERVEUSES

PAR LE Dr P. MAX SIMON

MÉDECIN EN CHEF A L'ASILE PUBLIC D'ALIÉNÉS DE BRON

> Il disait ce qu'il savait,
> et il croyait ce qu'il disait.
> CH. NODIER.

DEUXIÈME ÉDITION

DE LA CRAINTE — DE L'IMITATION
DE LA SUPERSTITION — DE QUELQUES PASSIONS
EXCÈS ET ABUS
MARIAGE, CÉLIBAT, SOLITUDE — DE LA CIVILISATION
DES PROFESSIONS — DE LA VIE HEUREUSE
MAXIMES ET PENSÉES

PARIS

LIBRAIRIE J.-B. BAILLIÈRE ET FILS
19, rue Hautefeuille, 19
1881

T19

HYGIÈNE

DE L'ESPRIT

DU MÊME AUTEUR

L'Imagination dans la folie, étude sur les dessins, plans, descriptions et costumes des aliénés.

Sur l'hallucination visuelle, preuve physiologique de la nature de cette hallucination.

Les invisibles et les voix, une manière nouvelle d'envisager les hallucinations psychiques.

POUR PARAITRE PROCHAINEMENT

LE

MONDE DES RÊVES

DIJON, IMPRIMERIE DARANTIÈRE, RUE CHABOT-CHARNY, 65

HYGIÈNE
DE L'ESPRIT

AU POINT DE VUE PRATIQUE

DE LA PRÉSERVATION DES MALADIES MENTALES

ET NERVEUSES

PAR LE Dr P. MAX SIMON

MÉDECIN EN CHEF A L'ASILE PUBLIC D'ALIÉNÉS DE BRON

Il disait ce qu'il savait,
et il croyait ce qu'il disait.

CH. NODIER.

DEUXIÈME ÉDITION

PARIS

LIBRAIRIE J.-B. BAILLIÈRE ET FILS

19, rue Hautefeuille, 19

1884

A MONSIEUR LE Dᴿ LUNIER

INSPECTEUR GÉNÉRAL DU SERVICE DES ALIÉNÉS DE FRANCE

Monsieur l'Inspecteur général,

En écrivant votre nom sur une des pages de ce livre, c'est à la science de l'éminent aliéniste, à l'érudition, à la sagacité du statisticien distingué que j'ai voulu rendre hommage.

Agréez, Monsieur l'Inspecteur général, l'expression de mes respectueux sentiments.

P. MAX SIMON

PRÉFACE

L'accroissement, chaque jour plus marqué, des maladies mentales et nerveuses m'a engagé à écrire ce petit livre. J'étudie dans cet ouvrage les plus ordinaires circonstances dans lesquelles se développent ces affections, et, en particulier, la plus redoutable de toutes, la folie. J'ai donc signalé les causes les plus fréquentes de la folie, en quelque sorte, comme en mer on établit des signaux dans les parages difficiles et semés d'écueils. Dans ce dernier cas cependant, il arrive que des imprudents, sans tenir compte du signal, s'engagent

dans les passes dangereuses et échouent misé-
rablement ; quelques-uns encore sont portés
vers les endroits périlleux comme malgré eux ;
d'autres, enfin, plus sages et plus heureux,
s'éloignent à temps. Il en sera peut-être ainsi
pour mes lecteurs : quelques-uns ne tiendront
pas compte de l'avertissement ; d'autres, bien
que comprenant le danger, seront entraînés
par la passion, plus forte qu'eux. Mais si quelques-uns seulement sont préservés, je n'aurai
pas perdu ma peine. En tout cas, le lecteur,
j'en suis persuadé, verra dans ce livre une
bonne pensée, et excusera les fautes de l'auteur en considération de son intention ser-
viable.

Lyon, le 1er octobre 1880.

HYGIÈNE DE L'ESPRIT

CHAPITRE PREMIER

DE LA CRAINTE

C'est presque une banalité de dire que l'homme est un être essentiellement contingent. Dans son enfance surtout, il est dépendant de tous et de toutes choses ; il est impressionnable et modifiable à un degré singulier. Son esprit est continuellement ouvert à ce qui lui vient du monde extérieur, et il en est affecté à ce point que ce sont les souvenirs de l'enfance qui persistent avec le plus de ténacité dans le cerveau affaibli, usé du vieillard. De plus, la trame dont est fait le cerveau de l'enfant est d'une matière délicate et fine, qui s'endommage facilement, qu'un rien peut briser.

Par cela même que l'enfant est un être absolument faible, l'impression qu'il ressent le plus vivement et qui lui est le plus préjudiciable est l'impression de la crainte. Malheureusement aussi, c'est cette impres-

1.

sion que les natures ignorantes et grossières, par je
ne sais quelle inconsciente perversité, sont le plus
portées à éveiller chez les enfants. Cette tendance
fâcheuse a existé dans tous les temps. Elle est peut-
être un peu moins accusée aujourd'hui : elle n'a pas
disparu néanmoins, et ce serait encore avec à propos
qu'en bien des pays, à la ville comme au village, on
pourrait dire avec Lucien : « Ne cesserez-vous pas
de raconter des absurdités pareilles, vous, des vieillards? Si vous y tenez, remettez au moins à un autre
temps, par égard pour les enfants que voici, le récit
de vos histoires incroyables ou effrayantes. Prenez
garde de leur remplir la tête, sans le vouloir, de frayeurs
et de fables étranges. Ménagez la jeunesse et ne l'ac-
coutumez pas à de semblables aventures dont l'impression troublerait pour le reste de la vie la tranquillité de son âme, et la rendrait pusillanime et super-
stitieuse(1). » Ce n'est pas la seule superstition, la seule
pusillanimité que produira cette étrange éducation, ce
sera avec elle, en une certaine mesure, une prédispo-
sition à la folie ; ce sera souvent encore une terrible maladie, immédiatement ou bientôt réalisée : l'épilepsie.

Ouvrez, en effet, les ouvrages traitant des affec-

(1) Lucien, *OEuvres*.

tions convulsives, et parmi les causes occasionnelles de ces graves névroses, et principalement de la plus redoutable d'entre elles, vous verrez notée la frayeur comme une des plus fréquentes. Gardons-nous donc, — ne courrions-nous pas le danger d'une catastrophe immédiate, — gardons-nous d'affaiblir l'esprit des enfants, d'y développer ou d'y laisser développer par d'absurdes récits l'aptitude à la peur et à la crainte, puisqu'un organisme susceptible de ressentir outre mesure le coup de ces impressions dépressives est pour les affections nerveuses une sorte de terrain éminemment favorable et comme préparé.

Si l'on doit interdire les récits terrifiants, les histoires où le merveilleux s'unit à l'horrible et à l'absurde, à toutes les personnes qui approchent les enfants, il est encore nécessaire d'éviter pour ces petits êtres, impressionnables à l'excès, les spectacles qui frappent trop vivement l'imagination. J'aurai toujours présent à l'esprit un fait qui s'est passé sous mes yeux, et que je rapporterai en quelques lignes. Un jeune enfant, d'une imagination très vive, avait été conduit à une représentation de comédiens forains. Après les tours de gobelets accoutumés, les merveilles de la bouteille inépuisable et autres fantasmagories, le maître de la baraque en plein vent faisait

voir à ses naïfs spectateurs le jugement dernier. Les
diables, les damnés au milieu des flammes, les sque-
lettes, les spectres aux longs suaires, la condamnation
des coupables prononcée d'un ton de voix sépulcrale,
impressionnèrent si vivement l'enfant dont nous parlons ici que, toute la nuit, il fut tenu éveillé par des
hallucinations qui lui retraçaient les sottes et mons-
trueuses peintures du théâtre forain. Le phénomène
pathologique ne subsista pas, il est vrai ; mais à la
place d'un enfant sans tare héréditaire, mettez un sujet prédisposé et vous pourrez voir ces vives impressions devenir le point de départ d'une névrose impri-
mant pour toujours à l'organisme son effrayant cachet.

Dans un ordre d'idées un peu différent, mais se
rapportant encore au sujet qui nous occupe, je veux
signaler un danger qui, dans certaines familles, menace l'organisation nerveuse si frêle de l'enfance. Des
querelles, des scènes de violence, trop fréquentes dans
quelques intérieurs, lot presque assuré des unions
mal assorties, ne sont pas toujours soustraites avec un
soin assez scrupuleux à la vue des enfants. La crainte,
la terreur, qui s'emparent alors des naïfs et innocents
témoins de ces scènes profondément regrettables, l'intérêt tout instinctif qu'ils y prennent, font souvent
naître chez eux d'irrémédiables troubles nerveux.

Mais sont-ce là seulement les conditions dans les-quelles les écarts irréfléchis, et pourtant condamna-bles, de caractères violents peuvent produire sur l'enfance, au point de vue de l'intégrité du système nerveux, des résultats funestes? Est-il nécessaire que l'enfant soit le témoin conscient de la violence et de la colère pour que son organisme reçoive le germe d'une maladie le plus souvent incurable? Non assu-rément, et bien des enfants, selon nous, sont atteints avant de naître. Il est rationnel, en effet, de supposer qu'une mère, témoin ordinaire et objet habituel de colères sans motifs et sans cesse renaissantes, parfois de violences de toute sorte, — et l'on sait comme ces conditions sont fréquemment réalisées dans certaines unions, — il est naturel de croire que la mère, placée dans ces conditions, pourra transmettre à l'enfant qu'elle porte le germe d'une affection mentale ou nerveuse qui se développera, dès la naissance ou un peu plus tard, à la moindre cause occasionnelle. Me trompé-je? je ne sais ; mais j'ai souvent pensé, en voyant des enfants, convulsifs, épileptiques ou idiots, sans vice héréditaire appréciable, que ces pauvres êtres avaient tremblé dès le sein de leur mère. Du reste, il est une circonstance qui semble donner à cette opinion plus d'autorité et qui écarte pour nous, à propos des faits que nous avons pu rencontrer, la supposition, si souvent légitime dans les sciences d'observation, d'une simple coïncidence : cette circonstance, c'est que, dans les cas auxquels nous faisons allusion, de préférence le premier enfant est atteint. D'où cela peut-il venir? De ce que, par un bienfait de la nature prévoyante, l'habitude émoussant les sensations, la jeune femme s'accoutume peu à peu aux violences qui la terrifiaient tout d'abord, et laisse enfin passer, sans en ressentir les effets, l'orage qui ébranlait jadis toutes les fibres de son être.

La crainte, nous venons de le voir, peut exercer sur les jeunes enfants la plus dangereuse action. Ses effets ne sont pas moins à redouter dans la seconde enfance et dans l'adolescence, et nous pensons qu'on doit éviter de s'en servir comme moyen d'éducation. Il faut avouer, du reste, qu'aujourd'hui, en France particulièrement, les moyens de rigueur, autrefois employés, sont tombés en désuétude et demeurent absolument privés de toute considération. Il n'en peut guère être question dans l'histoire de la pédagogie que comme de sortes de fossiles scolaires, et cela est, en vérité, de la plus stricte justice : ces moyens sont une honte chez un peuple civilisé.

Mais, si les rigueurs corporelles ne sont plus en usage, la crainte est encore trop employée, de diverses façons, dans l'enseignement et dans l'éducation de la jeunesse. J'ai dit la crainte et non la punition. Assurément, toute autorité a besoin de moyens de répression : elle doit punir, si elle n'a obtenu l'exécution de ses arrêts. Mais outre qu'il faut prendre garde de dépasser la mesure, la récompense pour le bien accompli me paraît meilleure que le châtiment pour la loi transgressée. En tous cas, si des peines sont nécessaires, il faut qu'elles soient mesurées et bien exactement définies : il faut qu'à tel manquement corresponde telle punition ; rien de plus et, cela connu de tous. J'ai vu, en effet, dans certaines maisons d'éducation, où la punition était laissée à la seule appréciation des maîtres, des enfants en proie à des terreurs continuelles, craignant toujours, attendant toujours quelque événement funeste. C'est la position de Damoclès organisée pour des années entières : la position de Damoclès, moins le festin. J'avoue que, pour moi, il me semble qu'on ne saurait flétrir trop énergiquement cet abus de la force, cette ineptie dans l'éducation, cette injustice permanente. Eh ! qui êtes-vous donc, dirai-je à quelques-uns de ceux à qui l'on confie la jeunesse, qui êtes-vous donc pour torturer ainsi et rendre mélancoliques et moroses de pauvres êtres que la nature avait créés insouciants et gais ? C'est vous et vous seuls, sans règle tracée d'avance, qui jugerez la punition à laquelle tel enfant sera soumis ; c'est votre fantaisie qui décidera cela. Allons donc ! cela est mauvais, cela est injuste, et vous ne pouvez, en vérité, vous transformer ainsi en une sorte de providence boiteuse, frappant ici, épargnant là, selon votre caprice. Il faut que le manquement soit bien défini, le châtiment encouru tellement connu et si exactement en proportion avec la faute, que celui-là qui en est frappé soit le premier à l'accepter. Et alors, l'enfant ne sera pas toujours tremblant ; il n'emportera pas des bancs de l'école une aptitude à la crainte, que nous ne nous lasserons jamais de proclamer funeste à la santé de l'esprit. Aux parents qui auraient placé leurs enfants près de maîtres semblables à ceux dont je viens de parler, je dirai : retirez-les non après demain, non demain, mais aujourd'hui même. Ces maîtres sont indignes de leur mission : ils ne sauraient point la remplir. Vous leur avez donné la matière d'un homme, et ils vous rendront moins qu'un homme.

Jusqu'ici, je me suis occupé de la crainte en général. Je vais maintenant dire un mot de quelques espèces

de craintes qui méritent un examen spécial. Parlons
de la crainte exagérée de la maladie.

L'homme aime la vie, et tout ce qui peut l'abréger
lui inspire une répulsion facile à comprendre. Mais
il arrive que cette crainte des influences novices qui
nous entourent engendre, chez celui qui en est dominé, un véritable état maladif, état dans lequel on
souffre parce que l'on croit souffrir. Cette situation est
plus fréquente qu'on ne le pense : elle paraît se montrer principalement à certaines époques de la vie ; on
la trouve surtout chez des personnes de loisir. Ici, il
va sans dire que la médecine des médicaments est à
peu près impuissante. C'est au malade à réagir contre lui-même. « Que veux-tu, dit un penseur, que je
te prescrive contre toi-même, sinon toi-même ? »
C'est donc au malade lui-même de se dire que
l'homme est né pour agir et non pour trembler ; que
l'action de trembler est le fait du lièvre et non de
l'homme et qu'il faut être homme avant tout. Que
ceux-là que la crainte de leur santé préoccupe continuellement se rappellent enfin que, pour si délicat
que soit l'organisme qu'on a reçu en partage, pour
vivre, il ne faut souvent qu'oser ; qu'ils osent donc
et ils vivront, se portant bien.

Mais il est une forme toute spéciale de la crainte

de la maladie qui se rencontre fréquemment et qui est des plus propres à faire naître l'aliénation mentale : c'est la frayeur qu'inspirent ordinairement les maladies vénériennes. Quelques personnes, — et ce ne sont pas celles qui auraient souvent lieu, pour s'y être exposées, de redouter ces affections, — poussent cette crainte à un tel point que tout est considéré par elles comme une occasion de contagion, et cette idée, incessamment roulée dans un esprit inquiet, finit par s'y implanter, et par devenir une véritable monomanie. Et qu'on ne s'y trompe pas ! cette terreur exagérée est extrêmement fréquente, fréquente au point d'avoir été notée par un illustre écrivain dans un roman célèbre. Une des héroïnes de *Wilhelm Meister* n'ose s'asseoir sur une chaise qui a été précédemment occupée par un jeune homme dont elle suspecte l'honnêteté de mœurs et, vraisemblablement, l'intégrité pathologique. Pour que Goëthe, qui n'était pas médecin, ait saisi et marqué ce trait, il faut que la crainte dont nous nous occupons ici soit plus répandue qu'on ne le croirait tout d'abord. Ai-je besoin de dire tout ce que cette crainte a d'irrationnel ? Si quelques faits de transmission anormale, bizarre, se montrent de temps à autre, ce n'est pas le cas le plus ordinaire. Que celui-là donc qui ne s'est pas exposé

ne laisse germer dans son esprit aucune puérile inquiétude. On ne gagne pas plus la syphilis, quand
on ne s'est pas mis dans un cas fâcheux, qu'on ne
gagne à la loterie, quand on n'a pas pris de billets.

Mais, parfois, ceux qui redoutent l'affection dont il
est question ont pour cela quelques raisons. Qu'on
me pardonne la métaphore : ils ont pris des billets et
ont éprouvé quelque regrettable accident. Que ceux-
là, pourtant, ne laissent pas organiser dans leur esprit
une monomanie qui empoisonnerait leur existence.
Ils ont eu tort assurément de s'exposer ; mais qu'ils
sachent bien que ces récits d'affections spécifiques se
montrant des dizaines d'années après quelques accidents qui n'ont la plupart du temps rien à voir avec
la véritable syphilis, sont absolument controuvés et
ne sont mis au jour que par des vendeurs de robs et
de pilules, qui s'inquiètent moins de la vérité scientifique que des moyens propres à faire tomber l'argent
du bon public dans leur escarcelle. Voilà la vérité
vraie. (Voy. note A.)

Jusqu'ici, nous nous sommes occupés des maladies
communes ; nous allons maintenant dire un mot des
épidémies. Il arrive, en effet, que les graves épidémies
frappent de terreur des esprits que les affections ordinaires laissent parfaitement calmes, presque indiffé-

rents. Que faire à cela? Rassurer, mais d'une façon
intelligente et avec une certaine discrétion. « Quand
on crie, dit avec une extrême finesse un ancien médecin en chef de l'Hôtel-Dieu de Rouen, M. le Dr Hellis,
quand on crie de tous côtés : N'ayez pas peur ! Tout
le monde se sauve. » Aussi, quand une épidémie
vient à éclater, il est bon d'indiquer par la voie
des journaux les moyens de préservation qui parais-
sent les plus sûrs, de montrer combien grandes sont
les chances que l'on a, grâce à une hygiène bien entendue, d'échapper à la maladie et, cela fait, de
garder sur l'épidémie le plus complet silence, lais-
sant passer l'ennemi. C'est là, je pense, le meilleur
moyen de prévenir ou, au moins, de ne pas entretenir une terreur qui a plus d'une fois engendré la
folie.

Voilà ce me semble, déjà bien des pages consacrées à entretenir le lecteur des mauvais effets de la
crainte sur la santé de l'esprit. Ce chapitre serait
cependant incomplet si je ne disais un mot d'une
espèce de crainte funeste entre toutes : la crainte,
plutôt instinctive que raisonnée, de l'enfer et du
péché.

Je n'hésite pas à le dire, certaines peintures des
tortures réservées aux méchants ont souvent laissé

dans des esprits d'enfants et de femmes d'ineffaçables
traces. On ne peut trop regretter ces vives impressions imprudemment éveillées. En effet, les tortures
imposées à l'âme par ces sortes de craintes ne servent
en rien à l'avancement moral de l'homme. Si l'on
peut dire que la crainte de Dieu est le commencement
de la sagesse, le mot crainte doit être entendu ici
dans le sens de respect. La terreur ne saurait enfan-
ter que des abaissements indignes, et c'est, du reste,
ordinairement dans les esprits soumis à ces abaissements qu'on voit germer une terreur exagérée du
péché, qui torture celui qui en est possédé, et qui le
conduit facilement à l'aliénation. Tous les médecins
qui se sont occupés de psychiâtrie ont noté le scrupule comme une cause assez fréquente de folie. Et
voyez véritablement si quelque chose au monde est
plus propre à conduire à la perte de la raison ! Certaines gens n'osent faire un pas de peur de tomber
dans le péché : une pensée, un mot les effraient ; les
choses les plus insignifiantes prennent à leurs yeux
les proportions d'un crime. Il y a plus, l'idée de la
pureté morale se confondant dans leur esprit avec
celle de la netteté physique, ils n'osent se livrer à
certains actes qu'ils regardent comme impurs, ils redoutent de toucher certains objets qu'ils considèrent

comme souillés. Ces gens ne vivent point : ils tremblent comme d'autres respirent ; c'est là leur ordinaire condition, leur manière d'être habituelle. Que
ces personnes, assurément déjà sur la pente de la
maladie, et qui sont comme affolées de la terreur de
Dieu, que ces personnes disent donc avec le héros
d'un drame de Longfellow (1): « Pourquoi craindrais-
je ? Je ne suis pas de ceux qui pensent que le Sei-
gneur les guette jusqu'à ce qu'il les prenne quelque
jour en un lieu sombre. » Qu'elles se disent cela et
qu'elles vivent simplement : c'est la seule manière de
bien vivre. (Voy. note B.)

(1) *Giles Corey,* acte II.

CHAPITRE II

DE L'IMITATION

Il faudrait être bien peu observateur pour n'avoir pas remarqué combien est puissante l'influence de l'imitation. Il n'est pas de famille, pas de collection d'individus, qui n'offrent des exemples de cette influence. Il suffira à des personnes du caractère le plus différent de vivre dans le même milieu, et en un contact journalier, pour que se manifeste chez elles une certaine uniformité de vues d'esprit, et, mieux encore, de gestes et d'allures. Souvent même, après de longues années d'une vie commune, on peut constater chez ceux qui ont été soumis à ce genre de vie une analogie évidente dans le timbre de la voix. On comprend déjà par ce qui vient d'être dit toute l'attention que le médecin doit apporter à l'étude d'un mode d'action du système nerveux qui peut avoir sur l'être humain une telle influence, et, ainsi, le lecteur ne s'étonnera pas que, dans un livre où il est traité de

l'hygiène de l'esprit, un chapitre soit consacré tout
entier à l'étude de l'imitation.

Quand elle est maintenue dans de justes limites,
l'aptitude à l'imitation est, au point de vue social, une
de nos plus précieuses facultés. C'est sur elle que re-
pose, au moins en partie, la perfectibilité humaine ;
c'est d'elle que naissent nombre de qualités sociales.
Elle est, en effet, la base de l'éducation, et tous
ceux qui ont, à un titre quelconque, la mission de
former les jeunes gens, connaissent la puissance de
l'exemple. Cette aptitude à l'imitation mal dirigée, —
comme toute chose bonne en soi, dont il est fait un
mauvais usage, — peut conduire aux plus funestes
résultats : d'où ce précepte, mille fois justifié des
moralistes, d'éviter la société des hommes vicieux.
Dans un ordre d'idées moins sévère, je dirai que
c'est de la tendance à l'imitation que naissent les
nombreuses aberrations de la mode.

Mais je n'ai point à m'occuper de l'imitation envi-
sagée au point de vue purement social et moral. Il
s'agit ici de quelque chose de moins attrayant : je vais,
en effet, étudier cette puissante et singulière aptitude
de l'esprit en face de la maladie.

Une des affections où l'influence de l'imitation est
le plus à redouter, en raison surtout de la gravité de

cette affection : c'est l'épilepsie. Pour qui a étudié d'un peu près cette terrible névrose, il n'est pas douteux qu'elle ne puisse s'engendrer par imitation. Peut-être, même, cette genèse est-elle plus fréquente qu'on ne le croirait tout d'abord. Il arrive, en effet, que, dans certains cas, la question est complexe : on a affaire tout à la fois à l'imitation et à l'hérédité, et il n'est pas toujours facile de déterminer ce qui peut appartenir à l'une ou à l'autre de ces deux causes. Mais des faits plus nets, évidemment débarrassés de la donnée *hérédité*, se produisent de temps à autre qui ne permettent pas au médecin de douter que l'imitation ne puisse à elle seule faire naître l'épilepsie. De cette observation évidente, il résulte que c'est avec la plus grande attention qu'il faudra veiller à ce que des enfants, des jeunes gens, des femmes impressionnables, ne soient jamais témoins de crises d'épilepsie. J'ai parlé tout à l'heure de l'hérédité ; mais qui ne voit que, même dans les cas entachés de cette complication, il y a tout un enseignement. Sans la vue d'attaques convulsives, qui peut affirmer que la maladie se serait produite chez l'héréditaire. L'hérédité est, sans contredit, un facteur puissant dans la genèse des maladies ; ce n'est pas une cause inéluctable, absolument fatale : concluez.

Pour moi, je suis tellement persuadé de l'influence de l'imitation dans la maladie qui nous occupe sur les organisations jeunes, sur les systèmes nerveux impressionnables, que je ne perds jamais de vue la possibilité de cette influence. J'ai été parfois consulté sur l'opportunité qu'il pouvait y avoir à faire sortir d'un asile des malades atteints de folie épileptique, mais dont les crises étaient de minime durée et peu intenses, chez lesquels l'agitation et le délire consécutifs aux accès existaient à peine, et, lorsque la vie qu'étaient appelés à mener ces malades, après leur sortie de l'établissement où ils étaient internés, devait les mettre en rapport avec des enfants, j'ai toujours déconseillé une mesure à laquelle dans d'autres circonstances je n'aurais pas été opposé.

Une autre névrose, à propos de laquelle l'imitation peut encore être invoquée : c'est l'hystérie. Parfois, les crises hystériques dues à l'imitation se montrent à la fois sur un si grand nombre de sujets, que le mot *épidémie* a pu être employé avec quelque raison. Tout le monde connaît l'histoire des convulsionnaires de Saint-Médard, les crises des adeptes de Mesmer, les possessions de Morzine. Il n'est pas douteux qu'il ne se soit agi, dans tous ces cas, de névroses convulsives développées par imitation. Cependant, comme il existe dans ces séries de faits un élément merveilleux et superstitieux, tout en reconnaissant que l'imitation entre pour une large part dans la production de ces névroses, nous préférons rapporter ici un exemple absolument dégagé de cet élément.

Au mois de juin 1848, à l'époque de nos discordes civiles, dit M. Bouchut, lorsque tant d'ouvriers sans ouvrage étaient dans le besoin, le gouvernement provisoire eut l'idée de créer des ateliers nationaux de femmes où il pourrait faire fabriquer les chemises de la troupe moyennant un modique salaire quotidien. Plusieurs ateliers furent ouverts ; l'un d'eux fut installé au bout de la rue de Grenelle, dans le vaste manége de M. Hope.

Quatre cents femmes furent placées dans ce manége, dont la quantité d'air fut mesurée et fixée à 5,000 mètres cubes, ce qui donnait environ 12 mètres cubes par ouvrière. De vastes fenêtres pratiquées dans la partie supérieure près du toit répandaient à profusion l'air et la lumière dans cette vaste enceinte.

La durée du travail était de dix heures, avec un repos de deux heures dans la matinée et un repos semblable dans l'après-midi. Ce n'était pas là une règle bien pénible, et l'occupation n'était guère fatigante, ni exercée dans de mauvaises conditions de salubrité.

Malgré cela, au bout de quinze jours, on vint annoncer à la mairie que des accidents convulsifs, sérieux, alarmants pour la population, se manifestaient sur le personnel de l'atelier national du manége Hope.

Une des ouvrières perdit tout à coup connaissance, elle pâlit et eut des convulsions dans les membres, avec serrement des mâchoires. A l'autre bout du manége, une seconde ouvrière, qui n'avait pas vu la première, éprouva des accidents à peu près semblables ; puis ce fut une troisième, successivement d'autres encore, prises çà et là dans l'immense assemblée ; si bien qu'en deux heures, il y eut trente de ces femmes, jeunes ou âgées, qu'on fut obligé d'emporter loin du manége. On allait les étendre en plein air, sur l'esplanade des Invalides, alors couverte de gazon, et, malgré l'ardeur du soleil et une atmosphère étouffante, sous l'influence d'un peu d'eau fraîche, tous ces accidents nerveux cessèrent en vingt ou trente minutes, d'après ce qui me fut raconté.

Le lendemain les malades de la veille revinrent à l'atelier pour reprendre leur travail. Au bout de quelques heures, l'une d'elles fut de nouveau surprise

par une perte de connaissance avec convulsions généra-
les. Il y en eut une seconde, puis une troisième et
les mêmes phénomènes nerveux, à quelques nuances
près, se montraient sur quarante-cinq personnes, qui
furent portées à l'air et couchées sur le gazon de l'esplanade. De ce nombre, il y en avait beaucoup qui
avaient été malades le jour précédent, mais l'affection
nerveuse avait évidemment fait de nouvelles victimes.

Le troisième jour, mêmes accidents sur quarante
ouvrières, et la population de ces quartiers ne put
assister sans murmure à ce spectacle quotidien de
femmes accumulées dans un vaste atelier de travail,
et qui présentaient ainsi des accidents de syncope
convulsive, pouvant par la crainte de la mort effrayer
ceux qui ne sont pas familiers avec les malades. Ignorance ou malveillance, on entendit accuser le gouvernement provisoire de vouloir se débarrasser de ceux
qu'il ne voulait pas avoir à nourrir. Des menaces de
vengeance se firent entendre et arrivèrent jusqu'à la
mairie. Quelques sages mesures, le renvoi des ouvrières malades eurent bientôt raison de cette névrose
épidémique (1).

Je m'arrêterai à cet exemple, qui me paraît nette-

_____

(1) Bouchut et Després, *Dictionnaire de thérapeutique.* Intro-
duction.

ment montrer tout le danger de l'imitation dans les affections convulsives.

Un autre mode d'action de l'imitation, mode plus funeste assurément que ceux que nous avons étudiés jusqu'ici, est ce qu'on a pu appeler avec une certaine justesse la contagion du suicide. Ceux qui vivent dans les asiles savent tout ce qu'a de dangereux l'exemple du suicide. Mais ce n'est pas seulement dans les maisons de santé que le suicide par imitation est à redouter, et le livre classique de M. Brière de Boismont contient de nombreux exemples de suicides de cette sorte. Je ne ferai pas une énumération complète de ces faits plus ou moins tragiques ; je me bornerai à en mentionner quelques-uns.

Nombre de personnes ont entendu parler de l'histoire de cette guérite du bois de Boulogne où se suicidaient tous les factionnaires qu'on y plaçait, et c'est également un fait assez connu que celui de ces suicides répétés qui, à une certaine époque, se sont produits à l'hôtel des Invalides : un invalide s'étant pendu dans l'embrasure d'une porte, douze de ses compagnons, en un très court espace de temps, se pendirent au même endroit ; on fut obligé de murer la porte.

Bonnet rapporte qu'à Lyon, à la suite du suicide d'une jeune fille qui s'était précipitée dans le Rhône, plusieurs femmes allèrent se jeter dans ce fleuve, précisément à l'endroit où la première avait trouvé la mort. Plus anciennement, en Artois, une jeune fille également s'étant noyée dans une mare, plusieurs jeunes filles se suicidèrent au même lieu et de la même façon.

Enfin, c'est encore à une influence semblable qu'on peut attribuer la tragique histoire des filles de Milet. Un moraliste humoriste Oxenstirn, petit neveu du fameux chancelier suédois, rapporte le fait de la façon originale que voici : C'est Aulus-Gellius, dit-il, qui, dans son livre XV, ch. x, raconte cette histoire à peu près en ces termes. « Les filles de la ville de Milet conçurent tout à coup une aversion si extraordinaire pour le mariage qu'elles choisirent plutôt la mort que l'amour, et, pour se soustraire à l'importunité de leurs parents, qui les sollicitaient incessamment de se marier, elles aimèrent mieux se pendre toutes que d'y consentir. » On n'entendait donc, continue Oxenstirn, tous les jours à Milet que la mort de quelques belles filles qui s'étaient pendues. Ainsi, outre la douleur que les parents ressentaient d'un pareil désastre dans leurs familles, le Sénat même commença de s'inquiéter, réfléchissant sur les suites fâcheuses d'une vertu si farouche, qui n'allait à rien moins qu'à dépeupler en peu de temps, toute leur ville. Après avoir formé bien des projets pour empêcher le cours de cette manie, le Conseil s'arrêta enfin à celui-ci : ce fut de faire une loi qui condamnait toutes les filles qui suivraient ce mauvais exemple à être, après leur mort, traînées nues dans toutes les rues de la ville par l'exécuteur de la justice, dans la pensée que l'horreur d'un supplice qui devait exposer à la vue du public ce que la crainte de découvrir à un seul les avait fait résoudre à aimer mieux mourir, les engagerait infailliblement à reprendre des sentiments plus humains. Ce remède réussit ; ces filles rentrèrent en elles-mêmes ; ainsi à la faveur de cette précaution, la ville de Milet ne craignit plus d'être dépeuplée. Voilà, ajoute malicieusement notre auteur, un travers d'une espèce bien rare et qui, grâce au ciel, ne saisira pas nos demoiselles (1).

Il serait facile de multiplier ces faits, mais je m'arrêterai ici. Je ne laisserai pourtant pas ce paragraphe sans mentionner l'influence funeste que peuvent avoir les récits de suicide fait trop complaisamment par les journaux qui, aujourd'hui, pénètrent dans toutes les classes de la société, dans toutes les familles.

(1) Oxentirn, *Pensées.*

Nous venons de voir les idées de suicide se propager par imitation ; parfois ce sont des troubles sensoriaux que fait naître chez un nombre considérable de personnes la singulière aptitude maladive que nous étudions en ce moment.

Un exemple extrêmement curieux d'hallucinations se propageant par imitation, est celui qui est rapporté dans les œuvres de Walter Scott, d'après le chroniqueur Patrice Walker.

En l'an 1686, pendant les mois de juin et de juillet, dit l'honnête chroniqueur, bien des gens encore vivants peuvent rendre témoignage que, dans les environs de Crasseford Boat, à deux milles au-dessus de Lanark, et particulièrement à Mains, sur la Clyde, un grand nombre de personnes se rassemblèrent pendant plusieurs soirées ; et il y avait une pluie de bonnets, de chapeaux, de fusils et de sabres, qui couvraient les arbres et la terre ; des compagnies d'hommes armés marchant en bon ordre sur le bord de l'eau ; des compagnies rencontrant des compagnies, se traversant les unes les autres, puis tombant à terre et disparaissant. D'autres compagnies paraissaient aussitôt et marchaient de la même manière. Je m'y rendis trois soirées consécutives, et je remarquai qu'il y avait les deux tiers de spectateurs qui voyaient ce prodige et un tiers qui ne le voyaient pas. Et, quoique je ne pusse rien voir, il y avait une telle frayeur et un tel tremblement parmi ceux qui voyaient que ceux mêmes qui ne voyaient pas pouvaient s'en apercevoir. Il y avait debout, à côté de moi, un homme qui parlait comme parlent trop de gens et qui disait : « Une troupe de maudits sorciers et sorcières, qui ont la seconde vue ! Du diable, si je vois quelque chose. « Et, au même instant, il se fit sur sa physionomie un changement remarquable. Avec autant de crainte et de tremblement qu'aucune des femmes que je voyais là, il s'écria : « Vous tous qui ne croyez pas, ne dites rien, car c'est un fait, et chacun peut le voir, à moins qu'il ne soit complétement aveugle. » Et ceux qui voyaient se disaient quels chiens avaient les fusils, et leur longueur et leur calibre, et quelles poignées avaient les sabres, si elles étaient petites ou à trois barres, ou à la manière des montagnards, et quels nœuds terminaient les bonnets et s'ils étaient noirs ou bleus. Et ceux qui voyaient ce prodige, quand ils faisaient un voyage, voyaient un bonnet et un sabre tomber sur leur chemin (1). »

A la fin du premier empire, après les désastres de

_____

(1) Walter Scott, *traduction Defanconpret.*

la campagne de Russie, alors que de sinistres pres-
sentiments commençaient à envahir tous les esprits,
semblables faits se sont produits. J'ai entendu raconter par une personne digne de foi que, dans une petite ville de l'Est de la France, nombre de curieux
s'assemblaient journellement sur les places publiques
pour regarder des armées se combattant dans les
airs. Des lions, des léopards étaient également aperçus, et la vue de ces choses étaient considérée par
ceux qui étaient le jouet de ces hallucinations comme
le signe certain de malheurs prochains.

Enfin, de nos jours et sous nos yeux, ne s'est-il
pas passé un phénomène du même genre ? Tous les
journaux, en effet, ont relaté la singulière et commune hallucination éprouvée par les habitants de
l'Alsace annexée. Nos malheureux compatriotes aper-
cevaient des croix sur toutes les vitres de leurs maisons, et demeuraient des heures entières, dans une
sorte d'extase, à contempler ces emblèmes religieux.
Des villages entiers ont été en proie à ces singuliers
troubles sensoriaux, dans lesquels il est impossible
de ne pas voir un phénomène d'imitation. Un premier halluciné faisait part à son voisin de ce qu'il
voyait et celui-ci ne tardait pas à apercevoir ce qui
lui était indiqué ; et ainsi, de proche en proche, se

propageait l'hallucination. Voilà vraisemblablement
comment les choses se passaient. Malheureusement,
ces faits curieux n'ont point été sérieusement observés. Il est véritablement regrettable que quelque
médecin aliéniste, placé à portée, n'ait pas eu la
curiosité d'aller étudier sur les lieux mêmes les circonstances précises de cette épidémie hallucinatoire.

Mais il est temps de m'arrêter. Un enseignement
ressort, je pense, de tous les exemples que je viens
de consigner ici : c'est à savoir que l'imitation est
une détestable maîtresse ouvrière quand il s'agit
des troubles du système nerveux. De cela que faut-il
conclure ? Tout naturellement, que les occasions où
cette singulière aptitude de l'esprit peut trouver à
s'exercer doivent être soigneusement évitées. Quand
on vous dira : « Ici a lieu telle chose singulière et
effrayante ; tel prodige se passe là-bas, » n'y allez
pas. Vous ferez ainsi preuve de force, de calme, de
justesse d'esprit ; vous vous préserverez vous-
mêmes, et, vraisemblablement, votre exemple ser-
vira à beaucoup d'autres ; que si, malgré vous ou
par devoir, vous vous trouvez au milieu de ces
étrangetés, sachant ce que sont ces choses, vous ne
vous étonnerez point et ne vous laisserez pas vaincre ;
vous ferez mieux : vous éclairerez et mettrez en

garde ceux que vous verriez disposés à subir l'entraînement de l'exemple. .

Mais pénétrez-vous bien de la puissance de cet entraînement de l'exemple, et, de bonne heure, habituez-vous à vous en affranchir, quand il sera nécessaire. Cet instinct d'imitation, s'il est quelquefois profitable, est bien souvent funeste, et, en somme, il n'est qu'un instinct. Il semble venir, quand on y regarde d'un peu près, des parties inconscientes du système nerveux et moins ce système inférieur sera soumis à l'action cérébrale, plus l'entraînement sera facile. De bonne heure donc, habituez-vous à vous commander, à vous maîtriser. Disciplinez vos instincts par la raison : que la tête commande toujours. Ce qui vous paraît ridicule ou sot, ne le faites pas sous prétexte que tout le monde le fait. Tout le monde le fait ? Eh bien ! il y a grande chance pour que ce soit une sottise. Et pour que, dans les choses sérieuses, vous ne soyez pas emporté par l'habitude de l'imitation, obligez-vous à être vous-même, jusque dans les plus petites choses.

CHAPITRE III

DE LA SUPERSTITION

Je ne sais quel prédicateur avait déclaré au commencement de son discours qu'il allait traiter de
l'orgueil. Cela étant, dit quelqu'un, le sermon sera
long, et le quidam, prenant son chapeau, partit in-
continent. En lisant le titre de ce chapitre, le lecteur
pourrait bien faire la même réflexion, et en user,
vis-à-vis de nous, avec aussi peu de cérémonie. La
superstition est, en effet, vieille comme le monde,
et ses manifestations sont innombrables (1). Mais
nous nous limiterons, ayant soin de ne toucher
que les points essentiels du sujet, usant en une
telle matière de toute la mesure, de toute la discrétion désirables.

L'homme a la passion de l'inconnu sous ses formes
les plus diverses. Pris facilement à l'endroit de l'in-

(1) Voy. note C.

visible au-delà d'une anxieuse curiosité, il lui semble qu'il sort de cet océan sans limites, d'où personne ne revient, comme un vague murmure qui l'inquiète et le trouble. Sans aller jusqu'à ces questions dont on comprend que l'âme se préoccupe, le simple *demain* présente à l'esprit de l'homme un problème dont, presque malgré lui, il se sent porté à chercher la solution. Aussi, tout ce qu'il croit pouvoir l'éclairer sur un tel sujet, tout ce qui lui semble comme une vue ouverte sur cet insondable inconnu, le fascine et l'attire : il s'y jette avec une sorte d'intempérance. Entouré de forces dont il ne connaît qu'imparfaitement les lois, il se laisse tromper par la succession des phénomènes, et il attribue à cette succession une signification absolument irrationnelle. Son amour du merveilleux, son aptitude à interpréter les choses dans le sens de ses désirs, peuvent dans cette voie le conduire jusqu'à l'absurde. Des rencontres fortuites, de simples coïncidences, viennent encore le confirmer dans son erreur.

Mais si la crainte et la passion de l'invisible et de l'inconnu, si des lois de la nature mal comprises ont donné naissance à nombre de superstitions, des faits exacts, bien observés, mais acceptés au delà de leur

signification légitime, des proverbes justes, si l'on
tient compte du milieu où ils sont nés, mais détour-
nés de leur sens vrai ou mal interprétés, ont été
également de tout temps et sont encore aujourd'hui
un motif de craintes superstitieuses, aussi ridicules
que funestes.

On ne saurait trop s'élever contre de telles erreurs. Car, comme on le verra, la superstition est
une porte ouverte à l'aliénation et à toute espèce
de névrose ; si tant est qu'elle ne soit pas déjà la
marque d'un esprit malade.

Passons donc en revue quelques-unes des superstitions les plus ordinaires, et qui nous ont paru être
le plus généralement propres à porter atteinte à
l'intégrité de la raison.

Parmi les superstitions que nous avons à examiner, je citerai tout d'abord la croyance à la possession du démon. Cette croyance a été au moyen-âge
extrêmement répandue. Cette époque était, entre
toutes, l'époque du diable ; c'était son ère, le moment de l'histoire de son règne incontesté. Le mauvais esprit se voyait alors partout ; il s'emparait des
âmes, et la foi à la possession, acceptée de tous, la
réalité de cette possession, affirmée par les malheureux que tourmentaient ces idées délirantes, nées,

si je puis ainsi dire, de l'atmosphère du siècle, ont conduit sur les bûchers un nombre de victimes qu'on ne peut envisager sans frémir. Ces temps sont passés ; mais, souvent encore, on voit arriver dans les asiles d'aliénés de pauvres malades, qui assurent avoir vu le diable ou avoir reçu un sort. J'ai sous les yeux, en ce moment, deux aliénés qui sont dans ce cas. L'un a aperçu le diable sous la forme d'un petit homme qui a passé près de lui, pendant une nuit obscure ; et, depuis cette époque, mille contre-temps par lui éprouvés, ses ennemis acharnés contre lui, ont empoisonné sa vie. L'autre a reçu un sort ; il se croit soumis à la puissance du démon et, sous l'influence de cette idée, il a cherché à se détruire. Voilà où nous en sommes encore en France, dans les campagnes principalement. Je viens de citer deux cas de démonomanie, j'aurais pu facilement en produire un bien plus grand nombre ; peu d'années se passent, en effet, sans que des exemples semblables se présentent à l'observation du médecin.

Une autre forme de la superstition, et qui n'est pas toujours sans influence sur la santé intellectuelle de ceux qui en sont possédés, c'est la croyance à la si-gnification prophétique, à l'interprétation possible des songes. Cette idée née, comme nombre d'idées

superstitieuses, du désir de pénétrer l'avenir, et de
la crainte de l'inconnu, a possédé l'antiquité à un
point qui étonnerait le philosophe, si l'on ne savait
pas que la divination par les songes, qui faisait partie des rites des religions antiques, était entrée dans
les mœurs, dans les habitudes ordinaires de la vie.
Les plus grands hommes étaient, chez les Romains,
soumis à ces superstitions, et, si quelques-uns ont
secoué ce joug que leur ferme esprit refusait de porter, on voit que ce n'a pas été sans quelque effort et
que le vulgaire les en a généralement blâmés. Les
écrivains latins sont remplis de ces histoires : je ne
compte en retracer aucune ici.

Mais ces superstitions ne sont pas toutes anéanties.
Nombre de personnes étudient leurs songes, et en
éprouvent de la terreur ou de la joie.

On ne s'attend pas, je suppose, à ce que nous réfu-
tions gravement ici la clef des songes et autres ineptes
et honteuses vulgaires compilations. Nous dirons
seulement que dans la croyance populaire, il y a des
animaux dont la vue dans les rêves est un présage
des plus funestes, tandis que d'autres ont le privilège
d'annoncer des événements heureux. Que si l'on
examine une telle superstition, on voit que c'est le
caractère attribué ordinairement à l'animal qui fait

que son image est, pour celui qui l'aperçoit en rêve,
un objet d'espoir ou de terreur. C'est ainsi que la vue
d'un chat dans un rêve est considérée comme un
signe de trahison. Le serpent, symbole de ruse et de
perfidie, est un signe également funeste. Du reste,
dans ce dernier exemple, à l'idée de perfidie s'ajoute
l'horreur que le reptile inspire généralement à
l'homme, sans parler de la condamnation que contient sur le serpent le livre sacré du christianisme.

Quoi qu'il en soit, et sans aller plus avant dans le
détail de ces imaginations grossières, je dirai que la
foi aux rêves est parfois trouvée comme cause dans
la génération de la folie. Non peut-être que cette superstition soit capable de créer de toutes pièces une
aliénation ; mais chez une personne prédisposée,
placée dans de mauvaises conditions de résistance
morale, il est certain — et j'en ai des exemples —
que tel rêve fâcheux a pu, quand il y avait croyance à
la signification funeste de ce rêve, faire tomber définitivement un pauvre esprit déjà ébranlé. Poursui-
vons.

Quelques animaux ont le privilège, pour inoffensifs
qu'ils soient, d'inspirer la terreur, non pas seulement
lorsqu'ils sont aperçus en rêve, mais lorsque le hasard
les amène par la route de quelques superstitieux : la

chouette, le hibou, etc., l'effraie, tous les nocturnes
en général, sont dans ce cas, et il n'est personne qui,
ayant voyagé dans quelques-unes de nos campagnes,
n'ait aperçu de ces malheureux animaux cloués à la
porte des fermes. Réputés oiseaux de malheur, la
chouette, le hibou finissent parfois par devenir véritablement funestes, à cause de l'idée qu'on attache à
leur présence et leur cri. Je connais quelqu'un qui,
pour avoir écouté tous les contes ridicules que l'on
fait trop souvent, dans certains pays, au sujet de
ces oiseaux nocturnes, en était venu à redouter le
cri de la chouette à l'égal d'une véritable catastrophe. Il arriva que la personne dont je parle, se trou-
vant dans une situation d'esprit pénible, et ayant
entendu ce cri redouté, attacha à cette circonstance
une telle importance que, repassant sans cesse dans
son esprit ce funeste présage, elle finit par perdre la
raison.

On ne saurait donc s'élever avec trop de force contre toutes ces sottises de signes et de présages,
demi-folies déjà, ni trop applaudir les esprits bien
trempés qui, en des temps où ces superstitions étaient
universellement acceptées, ont hautement marqué le
mépris que leur inspiraient ces pauvretés, honte de
l'esprit humain. C'est pourquoi je rappellerai ici au

souvenir du lecteur l'action hardie, véritablement
virile, du consul romain Claudius Pulcher. Comme,
la veille d'une bataille, on venait lui dire que les
poulets sacrés refusaient de prendre leur nourriture,
il les fit tous noyer afin que, s'ils ne voulaient manger, à tout le moins, ils pussent boire.

Je ne résisterai pas non plus au désir de citer les
belles et nobles paroles que le vieil Homère met dans
la bouche d'Hector. Celui-ci ayant refoulé les Grecs,
les vient assiéger dans leur camp. Il va donner l'as-
saut à leurs retranchements, quand tout à coup ap-
paraît dans les airs un aigle enlevant un serpent, qui
bien que blessé, déchire la poitrine de son ennemi.
Celui-ci, vaincu par la douleur, abandonne sa proie.
Polydamas, savant dans l'art des augures, explique
le prodige et engage Hector à ne point attaquer les
Grecs, le présage étant mauvais. Mais l'illustre
Troyen transporté de colère, menace l'augure de sa
lance : Eh! que m'importe, s'écrie-t-il, ce que disent
les oiseaux. N'ai-je pas pour moi la propre parole du
grand Jupiter: *Il n'y a qu'un augure souverain qui est
de combattre pour la patrie.*

Mais pour un esprit hardi, qui de temps à autre,
affiche hardiment son mépris pour la sottise, mille
trembleurs s'inclinent devant des traditions imbéciles.

Walter Scott nous apprend que les Écossais, même dans les classes supérieures, évitaient de se marier dans le mois de mai, quelque gracieux que soit ce mois. On reprocha, paraît-il, à Marie Stuart d'avoir épousé le comte de Bothwell précisément à cette époque de l'année. Cet éloignement pour la célébration des mariages pendant le mois de mai existe également encore aujourd'hui dans plusieurs provinces de France : je citerai, entre autres, le Nivernais. L'origine de cette coutume, véritable superstition et préjugé ridicule, n'est pas difficile à trouver. Elle nous vient des Latins : la maxime *malæ nubent Maiâ* en fait foi. Il resterait à découvrir d'où est né ce proverbe. Il s'agit probablement de quelque satire particulière qu'on a généralisée.

Je ne parlerai que pour mémoire de l'idée funeste attachée à l'action de renverser le sel, de briser une glace : superstitions populaires, nées de circonstances spéciales, tenant à des mœurs disparues, et dont on a oublié l'origine (1). Je crois, en effet, qu'il est inu-

---

(1) Chez les Arabes, quand on a mangé le sel avec un étranger, cet étranger devient sacré pour son hôte. On comprend bien alors que l'hôte qui renverse le sel doit être suspect à celui qu'il reçoit, et que cette action de *renverser le sel* puisse être tenue pour funeste. Je donne ici pour exemple l'explication de ce préjugé funeste : *le danger de renverser le sel.* Il

tile d'insister, et j'en viendrai à une superstition qui, pour s'être montrée moins grossière que ce que nous venons de voir et avoir revêtu comme une sorte d'allure scientifique, n'en a été que plus funeste. Le lecteur a déjà compris qu'il s'agit ici du spiritisme.

Ce fut comme une fièvre qui se déclara tout à coup, se répandit de proche en proche et parcourut tout le monde civilisé. Les gens du monde et les femmes furent les premiers adeptes de cette sorte de doctrine, les fervents les plus enthousiastes de cette pseudo-science. Partout, on ne s'entretenait que de tables parlantes, que d'esprits qui révélaient des secrets de l'autre monde, qui découvraient les mystères du passé et devinaient l'avenir. Pendant quelque temps, toute cette émotion demeura confinée dans un certain monde, le monde des salons ; puis, comme elle s'étendait de jour en jour, les savants en vinrent à se préoccuper des faits que l'enthousiasme, chaque jour grandissant des croyants, multipliait et grossissait. Des savants qui touchèrent à cette question, les uns, avec toute raison, prétendirent montrer qu'il n'y avait en tout cela ni phénomène nouveau, ni force

serait facile de trouver pour toutes les superstitions générale-ment répandues une explication analogue.

inconnue et assurèrent que la jonglerie et la crédulité avaient la plus grande part dans les faits qu'on produisait ; le reste s'expliquait par les lois de la physique et de la mécanique. D'autres, moins bien inspirés, se laissèrent aller à faire des réserves et à se demander si, réellement, quelque force, jusqu'ici cachée de la nature, ne venait pas de se révéler. Enfin l'épiscopat, en face de la prétention des spirites à résoudre les problèmes de la vie future et à faire parler les morts, interdit aux fidèles la pratique du spiritisme. Bientôt pourtant, tout ce bruit tomba, toute cette foule, émue de moins que rien, se calma, et le spiritisme alla rejoindre les rêveries dédaignées de Mesmer et de Cagliostro. Malheureusement, de telles émotions de superstition ne vont pas sans laisser après elles de nombreuses catastrophes privées. Depuis plusieurs années, je vois journellement une pauvre dame qui a été victime de la dernière manifestation de cette singulière aptitude à la merveillosité, qui semble être un des mauvais côtés de l'esprit humain. Extrêmement instruite et distinguée, Madame*** se jeta à corps perdu, si je puis ainsi dire, dans la foi nouvelle. Mise en rapport avec Home, elle ne tarda pas à acquérir une très grande notoriété parmi les adeptes. On lui écrivait d'Angleterre et d'Amérique ; on la consultait ; les journaux spirites recherchaient ses écrits, et acceptaient avec la plus grande déférence ses interprétations et ses décisions. Pour un temps, cette notoriété, cette sorte d'éclat de renommée ne procurèrent à Madame*** que des satisfactions d'amour-propre. Mais réputation oblige et notre spirite n'éluda pas cette obligation. Elle se mit à creuser chaque jour plus profondément les obscurs problèmes qui faisaient l'objet ordinaire de ses méditations. Cependant, par cette recherche obstinée, la lumière ne se fit pas sur ces insolubles questions, mais la raison de Madame*** s'éclipsa. A force d'évoquer la voix des morts, ses propres pensées s'objectivèrent ; l'hallucination, phénomène tout d'abord passager, devint habituelle, du délire de persécution s'organisa et, actuellement, Madame***, absolument incurable, passe son temps, l'oreille appuyée sur un coussin, à écouter les esprits de la terre.

CHAPITRE IV

DE QUELQUES PASSIONS

Lorsqu'on a à parler au point de vue de la médecine, de la passion de l'*amour*, c'est assez la coutume de reproduire un certain nombre d'anecdotes qui, pour intéressantes qu'elles puissent être, ne laissent pas de fatiguer et d'impatienter le lecteur : telle est, par exemple, l'histoire du fils de Darius et de la belle Stratonice. On nous permettra de ne point suivre la coutume, les désordres causés par l'amour n'étant pas assez rares pour qu'il soit utile de recourir à ces banalités. Quoi de plus commun, en effet, que cette passion ? Qui ne la connaît, au moins par l'expérience du prochain ? Qui même a été constamment à l'abri de ses atteintes ? En est-il qui oseraient dire qu'ils ne se sont jamais vus les tributaires de ce roi de la jeunesse ? Pour moi, je n'en sais guère, et, comme je l'écrivais ailleurs, les choses se passent ainsi à l'ordinaire :

Il y eut, un jour, un être dont les yeux ont rencontré nos yeux, et quelque chose d'inconnu, d'innommé, d'incompréhensible, est sorti de lui et a serré notre âme comme dans une suprême étreinte. Depuis lors, l'image chérie a sans cesse voltigé devant nos yeux, et, la nuit, nos rêves nous l'ont fait voir encore. Partout, quelqu'un marchait à nos côtés. Dans la foule, elle était près de nous; la solitude était remplie de sa présence. Elle était la pensée de toute heure et le secret mobile de toutes nos actions. C'est pour elle que nous avons cherché la gloire ; c'est avec elle que nous eussions aimé la vie cachée. Notre amitié n'était plus si parfaite, et il semblait qu'entre l'ami dévoué que nous aimions et nous, il y avait quelqu'un, tant l'enchanteresse était partout. Puis un jour est venu où cette image s'est envolée, où le visage de cet être aimé ne remua plus rien dans notre cœur, où il y eut d'autres regards que son regard, d'autres sourires que son sourire, où nous n'avons plus rêvé, où nous n'avons plus aimé! Cela s'appelle la désillusion.....

C'est là la marche habituelle de la passion. Mais

*

tous n'arrivent même pas à ee port de la désillusion et du désenchantement, que beaucoup trouveront, j'imagine, médiocrement enviable. Les déceptions, les traverses de toute sorte, la trahison,
viennent fréquemment frapper le cœur, le cœur
de la femme surtout, de quelque irrémédiable coup.
Parfois, la nature résiste et l'âme se redresse plus
forte, mais plus défiante ; souvent aussi, la blessure
est sans remède. En notre temps surtout, ces catastrophes sont nombreuses ; car toutes les douces
choses du cœur, si prisées dans les mariages de
nos pères, sont aujourd'hui comptées pour rien. La
main d'un côté, le cœur de l'autre : voilà la devise
du siècle ; c'est la perfection dans la division
du travail. J'ai actuellement présente à l'esprit
l'histoire d'une jeune femme des plus intéressantes,
et qui avait perdu la raison par suite d'un mariage
manqué, d'une affection dédaignée, d'un espoir
déçu. C'est ici, je pense, le lieu de raconter cette
histoire.

Mademoiselle de *** était douée d'un esprit vif et
véritablement distingué. Elle avait un goût marqué
pour la poésie ; elle la comprenait, l'appréciait, sans
s'y livrer néanmoins. Possédant un talent musical
remarquable, elle étudiait assidûment, et l'exécution

des morceaux les plus difficiles ne tarda pas à devenir pour elle un véritable jeu. Cette culture intellectuelle, toute variée qu'elle fût, était pourtant renfermée dans des limites raisonnables. Le malheur de cette jeune fille fut d'avoir été de bonne heure privée de sa mère. Ayant toujours vécu, ou seule, ou au milieu d'hommes de sa famille, la tendresse d'une mère, la prudence d'une femme sachant le monde lui ont assurément manqué. Quoi qu'il en soit, il arriva que parmi les amis du frère de Mademoiselle de *** se rencontra un jeune homme à qui elle plut et qui lui plut. Sans lui faire aucun aveu, ce jeune homme, par ses assiduités, l'amena facilement à comprendre combien vive était l'impression qu'elle avait faite sur lui. Un amour profond naquit et grandit dans le cœur de la jeune personne, objet de ses assiduités. Aussi, lorsque, le temps ayant marché, le jeune homme, désireux de s'établir, demanda en mariage une amie de Mademoiselle ***, celle-ci fut brisée par la douleur. Elle fit bonne contenance cependant : rien ne parut de son mécompte ni de son désespoir. Mais l'abattement qui succéda à cet effort fut en raison de la force d'âme qu'il lui avait fallu déployer : une amertume singulière envahit tout entier ce pauvre cœur déçu. Pressée par sa famille de prendre un parti qui s'offrait, Mademoiselle de *** se laissa marier. Mais la gaîté d'autrefois ne revint pas. Elle demeura triste, sans que son mari, quoi qu'il tentât, pût arriver à la distraire. Enfin un accident sans suites immédiates fâcheuses fut la goutte d'eau qui fit déborder le vase : la raison sombra. Je ne décrirai pas le caractère de la maladie de Madame ***, cela importe peu dans un ouvrage du genre de celui-ci. Je me contenterai de dire que cette pauvre jeune femme sortit de l'établissement où elle était en traitement, guérie, consolée de ses déceptions passées, résolue à s'efforcer de rendre heureux celui qui lui avait donné son nom.

Je pourrais, assurément, sans qu'en souffrît en rien l'économie de mon livre, me borner à cet exemple. Mais je ne puis résister au désir de reproduire ici une observation rapportée, dans un de ses ouvrages, par un illustre aliéniste français, notre regretté Morel. Je suis persuadé, du reste, que le lecteur ne lira pas sans intérêt cette douloureuse et romanesque histoire. Il y verra comment en un cœur préparé, si je puis ainsi dire, à toutes les illusions, un amour impossible peut naître en un instant, se développer, s'emparer de l'âme tout entière et arriver finalement à une irrémédiable catastrophe.

« Une jeune fille appartenant à une excellente famille de négociants avait montré, dès l'âge le plus
tendre, des dispositions intellectuelles et artistiques
on ne peut plus remarquables. Le seul tort des parents avait été peut-être de trop favoriser cette évolution précoce des facultés ; mais comment résister
à l'entraînement qu'excite autour de lui le génie de
l'enfance ! Les parents ne sont pas, dans ces cas, les
seuls complices du mal qu'opère un enthousiasme
irréfléchi, alors qu'ils trouvent dans un monde blasé
des admirateurs exagérés, qui ne font que suractiver
la fièvre de vanité qui s'empare de ces petits êtres
exceptionnels.

« Il faut cependant dire, à la louange de la jeune
Elisa, à peine âgée de treize à quatorze ans, qu'elle
portait avec une naïveté enfantine les triomphes que
lui valaient sa beauté naissante, les saillies de son
esprit et un talent hors ligne pour la musique, lorsqu'un événement inattendu vint hâter l'évolution de
la névrose hystérique dont elle portait probablement
le germe. Son frère, qui avait voyagé dans les Indes,
amena un jour à la maison paternelle un jeune Nabab
de ses amis. La vue de cet étranger au riche costume
oriental, l'originalité de son type de beauté, son admiration muette qui faisait contraste avec les flatte-

ries de l'entourage habituel de la jeune fille, opérè-
rent une singulière impression sur la jeune fille.
Est-ce à l'émotion éprouvée à cette occasion qu'il
faut attribuer les phénomènes hystériformes qui ne
tardèrent pas à se produire ? c'est ce qu'il serait assez
difficile de préciser. Toujours est-il que le premier
accès franchement hystérique dont la famille fut témoin s'accompagna d'un délire aigu avec pleurs,
sanglots, étouffements, tendance au suicide, et d'une
perturbation complète de l'intelligence et des sentiments. Parfois le trouble des idées était transitoire,
fugace ; dans d'autres circonstances, il présentait un
caractère de durée avec manifestations d'actes auto-
matiques stupides, de paroles insensées, niaises, ex-
travagantes, qui font un si pénible contraste avec les
habitudes antérieures des malades, leur éducation,
leurs mœurs, leurs idées dominantes. Dans le paro-
xysme de son délire, la jeune fille ne rêvait que
Nabab, et rejetait l'idée de toute union qui ne réali-
serait pas les projets fantastiques qui occupaient son
esprit.

« La maladie ne tarda pas à prendre les proportions
les plus graves : jamais cependant on n'observa les
lésions nerveuses qui sont les conséquences extrêmes
de l'hystérie, telles que l'hyperesthésie, l'anesthésie,

les convulsions, la paralysie ; mais j'ai déjà fait remarquer que se n'est pas dans ces circonstances que
se développent ordinairement les troubles intellectuels qui sont le propre de la folie hystérique. On
dirait, au contraire, que l'intelligence est d'autant
plus compromise que l'hystérie a été plus larvée.
Dans la folie hystérique qui nous occupe, les phénomènes pathologiques s'enchaînèrent avec une telle
rapidité que la maladie en arriva à la limite extrême
de cette transformation fixe et irrémédiable vers
laquelle nous amène insensiblement la connaissance
plus intime de cette triste affection.

« Lorsque, cinq années après les événements que je
décris, je fus invité à voir cette jeune malade, je la
trouvai dans le dernier degré de l'idiotisme et du
marasme. Elle était fixée sur un fauteuil au moyen
d'une camisole de force, et avait perdu jusqu'à l'instinct d'accomplir les fonctions les plus naturelles ;
elle se souillait de ses ordures et ne conservait plus
aucun sentiment de pudeur. De temps en temps on
avait à redouter ses exacerbations maniaques et ses
tendances au suicide. Elle méconnaissait alors ses
parents et devenait agressive en ses actes.

« Sur ma demande, on ôta la camisole à cette pauvre
insensée et on la fit descendre au salon ; elle promena

3.

un regard hébété sur l'assistance ; puis sans proférer une parole, se dirigea automatiquement vers le piano et exécuta assez brillamment un morceau de musique que l'on avait placé sous ses yeux ; mais cette réminiscence fugitive d'une aptitude acquise n'en amena aucune dans la sphère de l'intelligence et des sentiments. La jeune fille resta insensible aux caresses de sa mère, de ses sœurs et de ses parents. Cependant, malgré la situation désespérée de la malade, je crus devoir conseiller son isolement dans une maison de santé où il serait possible encore de modifier la dépravation des instincts, de ne pas condamner cette malheureuse à une coercition perpétuelle ; mais je ne pus vaincre la résolution des parents. Ils s'étaient, dès le principe, opposés à tout traitement qui aurait eu pour but de les séparer de leur enfant, et l'on ne saurait évaluer, en pathologie mentale, le nombre de terminaisons funestes amenées par les traitements irrationnels, par la fausse tendresse des parents, par la répugnance presque invincible, pour les maisons de santé (1). »

Le mot *jalousie* peut être pris dans des sens assez différents. Il est, en effet, dans ce sentiment plusieurs

(1) Morel, *Traité des maladies mentales.*

nuances que l'observateur distingue et démêle assez facilement. Quand la jalousie est considérée au point de vue de la possession d'une personne aimée, d'une femme à qui l'on a consacré les meilleurs sentiments de son cœur, il est évident qu'il y a dans ce penchant de l'âme quelque chose de naturel et de légitime. A ce point de vue, il est, semble-t-il, une jalousie permise et naturelle. Mais ici, comme partout dans les choses de la vie, l'exagération est près de la vérité, et il arrive que ce sentiment poussé trop loin laisse parfois germer chez celui qui l'éprouve d'injustes soupçons : soucis cruels pour celui qui les ressent, atroce supplice pour qui en est l'objet. En de telles circonstances, la vie n'est qu'une chaîne non interrompue de craintes, de soupçons, de répulsions injustifiables, parfois même d'embûches odieuses. Si la victime est à plaindre, le jaloux souffre également, et souvent cette perpétuelle inquiétude venant à faire naître dans son esprit des soupçons de plus en plus invraisemblables, en son cœur des déchirements chaque jour plus douloureux, la folie est le terme d'une vie brisée, quand toutefois le suicide n'est pas venu dénouer un lien insupportable et odieux.

Il est une jalousie différente de celle dont nous venons de nous occuper et qui conduit parfois, non pas

à la folie, mais à une terminaison non moins funeste :
le suicide. Cette jalousie est celle qu'on voit naître
trop souvent entre enfants d'une même famille. Que
les parents se surveillent ; que si quelque enfant
mieux doué au point de vue des avantages naturels,
plus intelligent, plus aimant même, ravit, si je puis
ainsi parler, leur préférence, que les autres enfants
ne s'en aperçoivent en rien ; que les actes extérieurs
témoignent d'une impartialité extrême, d'une égalité
d'affection évidente pour ces juges, si subtils, si pro-
fonds, si perspicaces dans les choses du cœur, qu'on
appelle les enfants. M. Brière de Boismont rapporte,
dans les termes suivants, le suicide d'une jeune fille
que la jalousie amena à cette triste fin. Une jeune
fille de quatorze ans, dit le savant aliéniste, chargée
des soins du ménage, était souvent grondée par ses
parents. Son autre sœur, un peu plus âgée qu'elle,
était l'objet de toutes les tendresses. La jeune fille
s'acquittait de ses devoirs sans murmurer ; sa physionomie avait un air de mélancolie et de tristesse
qui révélait le chagrin de son âme. Un jour qu'elle
avait été plus réprimandée que de coutume, elle
monte à sa chambre sans proférer une parole. Plusieurs heures s'écoulent. Ne la voyant pas revenir, sa
mère se rend auprès d'elle, pousse la porte et aper-

çoit sa fille étendue sur le carreau, près d'un réchaud de charbon. Une lettre qu'elle tenait encore à la main faisait connaître les motifs de sa mort : « J'ai long-temps lutté contre le sort injuste dont j'étais la victime ; me voir toujours méconnue, haïe même des auteurs de mes jours, était un supplice au-dessus de mes forces. Je leur pardonne. Puisse ma sœur leur faire oublier celle qu'ils ont rendue si malheureuse (1). »

Près de la jalousie, je placerai l'*envie*. Cette passion est la plus triste des passions, elle est dépressive au dernier degré. L'envieux n'est jamais heureux ; tout est souffrance pour lui. Il est assurément des degrés dans ce vice, mais s'il s'empare entièrement d'une âme, il peut conduire à la folie. J'ai connu une pauvre femme, qu'une telle passion avait rendue aliénée et, cela, dans les plus tristes et les plus misérables conditions. Villageoise, femme d'un vigneron, elle vivait modestement, mais elle était heureuse. Un voisin que la fortune avait favorisé dans de certaines limites, ayant assez bien réussi dans ses affaires, entreprit de se bâtir une maison un peu plus belle que

(1) Brière de Boismont, *Traité du Suicide*.

la chaumière qu'il possédait. La maison fut bâtie ;
elle eut un étage. Cette maison, cet étage surtout mit
au cœur de la pauvre villageoise dont je parle ici une
pensée d'envie qui grandit chaque jour et finit par la
mener à la folie. Quand je l'ai connue, cette malade
était en proie à une mélancolie anxieuse des plus
tristes. Dans les moments de demi-lucidité dont elle
jouissait de temps à autre, elle déplorait amèrement
son malheur et sa misérable passion.

Ne conduisît-elle pas à la folie, l'envie est un mauvais état de l'âme. Elle ôte le calme, cettre première
condition de la santé de l'esprit. Elle empêche de
jouir de ce que l'on possède ; elle porte celui qui en
est atteint à dénigrer les qualités des autres et à af-
fecter un faux dédain pour les avantages qu'il ne
possède pas. Un moraliste trop peu connu a tracé
dans un des chapitres de son livre, un peu fantai-
siste, il est vrai, un caractère où ce dernier trait
est plaisamment mis en lumière. Je ne résisterai
pas à la tentation de reproduire cet amusant portrait.

« Il ne peut voir ni souffrir, dit Oxenstirn, en par-
lant de son triste héros, des habits brodés ou galon-
nés ; ce sublime esprit trouve que ce sont des hous-
ses ou tout au plus des livrées. Il hait toutes sortes

de dentelles : il est l'ennemi des manchettes et trouve
qu'une cravate noire rehausse extrêmement et donne
un air de soldat. Il ne porte point de manteau parce
que cela est trop embarrassant, et ne se sert jamais
de pantoufles ; il s'en est désaccoutumé pendant son
voyage d'Espagne. Il n'est amateur de café, ni de
thé, car, en effet, ce n'est que de l'eau et il est sur-
pris du peu de goût de ceux qui s'en servent. Il n'en-
tretient pas de chevaux ni de carrosse, parce qu'il
aime l'exercice, souverain secret pour se bien porter.
Il ne va pas en chaise, cela a l'air trop féminin. Il ne
joue point, car il est toujours occupé de grandes et
importantes affaires, qui demandent tout son temps
et qui pressent. Il ne soupe jamais parce que cela
l'empêche de dormir. Il ne porte jamais d'argent
blanc sur lui, à cause qu'il noircit la poche, et on ne
lui voit point de tabatière, parce qu'il veut se désac-
coutumer de prendre du tabac, qui est une habitude
malséante. Il ne va jamais à l'opéra, ni à la comédie ,
il n'aime pas la presse et, d'ailleurs, il ne saurait supporter la fumée des chandelles qui l'incommode fort ;
mais il aime mieux s'amuser à regarder sur la place
les charlatans, à cause de leurs bonnes médecines.
Il ne prend jamais la poste à cause que cela le fatigue
trop ; mais il trouve incomparablement plus d'agré-

ment dans le coche, à cause de la diversité des génies qui s'y rencontrent (1). »

Le portrait est peut-être un peu long : j'espère pourtant qu'il n'aura point déplu à mon lecteur. Mais voilà que nous avons assez parlé de l'envie, arrivons à l'ambition.

L'*ambition* est la passion de l'âge mûr. Comme toutes les passions, elle peut être bonne, utile à la société et profitable à l'individu. Toute puissance qui, dans l'homme, est conforme à la règle, à la loi universelle des choses, doit être développée, et tel noble génie qui, respectueux des libertés publiques, accomplit sa tâche, tenant fermement les rênes du pouvoir, ne peut qu'exciter l'admiration. Ce noble esprit, s'il est possédé de l'amour de la justice et de la vérité, ne s'égarera pas, ne se perdra pas : qu'il marche, la puissance est faite pour lui.

Mais que dire d'un esprit de commune étoffe que le désir du pouvoir entraîne et subjugue ? Pour un tel esprit, il n'y a dans la voie ardue de l'ambition que déception et misère. A chaque pas, les difficultés de la route l'arrêteront : journellement des déceptions imprévues jetteront en son cœur une amertume secrète.

(1) Oxenstirn, *Pensées*.

Comme il n'a pas de but supérieur à poursuivre, comme il n'est pas dominé par le démon de l'idée, la force lui manque et ses espérances brisées retombent, à chaque échec, d'un poids plus insupportable sur son cœur ulcéré. Le génie, dans la poursuite du pouvoir, n'envisage que le but intellectuel à atteindre ; les obstacles ne sont rien pour lui ; à l'occasion, il sait attendre, il attend. Il supporte le délai et l'ajournement qu'il a prévus, qu'il a admis, comme une donnée, dans le problème qu'il s'est posé. Il y a là, peut-être encore, comme une jouissance d'artiste. Mais où le génie pense, le vulgaire désire. Il ne voit comme résultat de ses combinaisons, qu'une misérable place à gagner, qu'un bout de ruban à conquérir, et quand ces choses futiles lui manquent, il se lamente, s'irrite et se désespère.

Je veux, pourtant, que les souhaits de l'ambitieux vulgaire soient accomplis. Sera-t-il heureux ? Hélas, quand par mille démarches, quand par la brigue, quand par mille lâchetés, l'ambitieux est arrivé au poste désiré, il s'aperçoit qu'il n'est pas à la hauteur de la position qu'il a comme surprise. Les hontes, les déboires, les affronts arrivent alors, se pressent et se multiplient, et celui qui, par oubli du γνῶθι σεαυτὸν, s'est exposé à ces misères, perd parfois la raison. J'ai connu,

sous le dernier empire, un homme qui avait du bien
et ce qu'il faut pour être heureux. Un jour, l'ambition
naquit en son cœur et, avec elle, le désir de jouer un
rôle. Tout d'abord, le rôle fut modeste et à la portée
de celui qui en était chargé. Edile d'une petite ville,
mon ambitieux d'hier faisait des discours qui, sans
grand style, trouvaient néanmoins des admirateurs.
Avec ces modestes succès, les désirs de cet excellent
homme grandirent. Une élection se présenta qui lui
permit de les satisfaire. Nommé conseiller général,
il se trouvait placé, à son grand contentement, sur
un plus grand théâtre que celui où, jusqu'alors, il
avait presque brillé. Mais, pour en arriver là, il avait
été obligé de lutter avec un candidat gouvernemental,
et l'administration, qui jadis n'avait pour lui que des
prévenances, des coquetteries même, ne lui garda
plus que ses rigueurs. Les discours du préfet étaient
acerbes à son endroit ; aux dîners officiels, les épi-
grammes pleuvaient sur lui. Il désirait la croix, il ne
l'eut point. Lui, jadis honoré, choyé du pouvoir, se
voyait bafoué, déconsidéré. Il n'y tint pas ; la raison
céda, et cet homme, qui aurait pu être heureux, qui
était jadis heureux, finit par la lypémanie du suicide.

Connaissons-nous donc nous-mêmes et sachons
régler nos ambitions sur les facultés que la nature a

mises en nous. Que si, ayant su borner nos désirs, ces désirs légitimes sont pourtant déçus, ne nous affligeons pas. Que sont, après tout, vues d'un peu haut, toutes les ambitions humaines ? Que sont ces dignités et tout cet appareil que nous nommons la grandeur et la puissance ? Hélas ! bien peu de chose. Les anciens avaient assez coutume de se consoler des déceptions de l'ambition et des rigueurs de la fortune en invoquant la petitesse de l'homme comparée à la grandeur de l'univers. Que ne pourrions-nous dire sur un tel sujet, nous qui connaissons bien mieux qu'ils ne faisaient cet immense univers ! Le soleil et toutes les planètes sont les points d'une nébuleuse qui est elle-même un point dans l'espace infini. Qu'est alors le plus vaste pays du monde comparé à cette étendue ? Qu'est une ville dans ce pays ? Qu'est un homme dans cette ville ? Un imperceptible atome. Qu'importe donc que nous soyons assis sur un siége plus élevé ou plus bas, que nous portions, ou non, quelque bout de galon?

Enfin, que mon lecteur écoute, en finissant, l'aveu d'un homme qui s'est vu, par les combinaisons de sa politique, par les efforts de son ambition, en possession peut-être de la plus haute fortune de la seconde moitié de ce siècle. « Vous conspirez avec l'impératrice, dit M. de Bismark au comte d'Arnim, et vous n'aurez pas

de repos tant que vous ne serez pas assis à cette table
où je suis assis moi-même, et que vous n'aurez pas vu
que ce n'est rien non plus. » Voilà le mot échappé au
chancelier de l'empire allemand. Ce mot est-il sin-
cère ? Peut-être ; car je sais aussi que les hommes
font volontiers parade de lassitude et de dédain pour
les choses que précisément ils tiennent en plus grande
estime. Quoi qu'il en soit, et M. de Bismarck pensât-il
le contraire de ce qu'il disait, il a dit la vérité vraie,
semblable alors à ces pythonisses esclaves du démon
que les serviteurs du Dieu vivant forçaient à prophé-
tiser.

CHAPITRE V

EXCÈS ET ABUS

Des recherches des naturalistes modernes il résulte que la durée de la vie, dans le règne animal, égale au moins cinq fois le temps de la croissance, dans chaque espèce. Cette loi, qui paraît assez sérieusement établie, permettrait à l'homme de vivre jusqu'à cent ans. On sait ce qu'il en est, et l'on ne peut douter que les excès et les abus de toute sorte ne soient, pour l'espèce humaine, la cause la plus ordinaire de la brièveté de la vie. Un tel résultat a déjà quelque chose d'affligeant, de profondément triste. Mais ce qui est plus douloureux encore, c'est de penser que ces abus et ces excès, non seulement abrégent la vie humaine, mais qu'ils enlèvent encore à l'homme ce par quoi il se distingue des autres êtres : la raison.

Quand on examine, en effet, les causes déterminantes de la folie, cette donnée : excès et abus, s'accuse d'une façon tellement nette, tellement évidente, qu'il est impossible de n'en être pas frappé. Occupons-nous d'abord des excès alcooliques.

Bien nombreux sont les désordres produits par les boissons alcooliques sur le système nerveux. Tantôt, ces désordres se traduisent par un ensemble de phénomènes dont les principaux sont : du tremblement, des anomalies de la sensibilité, de l'hébétude, des hallucinations des divers sens, par des actes agressifs subits, auxquels se livrent irrésistiblement les malheureux en proie aux images terrifiantes suscitées par l'intoxication alcoolique ; tantôt c'est une terrible maladie, l'épilepsie, qui est créée de toutes pièces par l'usage de l'absinthe. Mais il serait trop long d'énumérer tous les désordres que l'alcool peut amener, et je me bornerai à dire que les formes délirantes les plus variées peuvent naître sous l'influence de cet agent toxique au premier chef. Et qu'on ne s'y trompe pas ! toutes les variétés, trop nombreuses, des boissons alcooliques conduisent, avec quelques variantes, au même résultat, et quel résultat ! Combien triste est ce tableau ! Dans un ouvrage, d'une valeur scientifique sérieuse (1), un aliéniste distingué, M. le docteur

(1) *De l'alcoolisme, des diverses formes du délire alcoolique et de leur traitement,* par le Dr V. Magnan.

Magnan, a minutieusement décrit les effets observés
par lui sur les animaux soumis à l'usage de l'alcool et
de l'absinthe; il a également étudié cliniquement les
désordres engendrés chez l'homme par l'abus des
boissons enivrantes, et les vives peintures qu'il nous
fait de ces désordres sont de nature à inspirer des réflexions salutaires aux buveurs de profession. Toutes
les observations cliniques du livre dont je parle ici
sont, en effet, comme une histoire abrégée, comme un
résumé, de tous les désordres possibles de la vie morale et de la vie physiologique. On voit là des existences sans plan et sans but, inconséquentes et incohérentes, procédant par bonds, si je puis ainsi parler, pour arriver finalement à la perte de la raison. La
perte de la raison! voilà pour nombre de buveurs la
dernière étape d'une vie mal ordonnée. Et, en vérité,
comment s'étonnerait-on de ce résultat? Ne sait-on
pas, d'après les belles recherches de Ludger-Lalle-
mand, Perrin et Duroy, que l'alcool est transporté en
nature dans les organes où il est comme emmaga-
siné, pour quelque temps au moins, à leur très grand
préjudice? « Répétant une expérience qui a souvent
été faite, dit M. Fonssagrives, j'ai empoisonné un
chien en introduisant de l'alcool dans son estomac,
et, une heure après, la distillation de son cerveau m'a

fourni une certaine quantité d'alcool que j'ai pu en-
flammer devant mon auditoire. Chez les buveurs,
tous les tissus sont donc, sans métaphore, dans un
véritable bain d'alcool; et cela est tellement vrai que
quelques organes prennent, au contact de ce liquide
qui leur est apporté par la circulation, des qualités
analogues à celles que leur procure l'immersion dans
l'eau alcoolisée. C'est ainsi que le cerveau des ivrognes de profession est comme durci et plus consis-
tant, c'est-à-dire dans cet état que l'on réalise, pour
l'étude de l'anatomie, en faisant macérer cet organe
dans l'alcool (1). » (Voy. note D.)

Certes, il y a là, pour les buveurs, tout un enseignement. Peut-on espérer que la connaissance des dangers
des liqueurs alcooliques pourra préserver les intéres-
sés? Hélas! il y a tout à craindre qu'il n'en soit rien,
tant le penchant est prononcé chez les buveurs, tant
est facile ce *descensus Averni* d'un nouveau genre. C'est
parce qu'ils sont bien persuadés du succès médiocre
de la simple exhortation et de la fréquence de la
rechute chez ceux qui essayent de s'amender, que les
Américains, gens pratiques, ont institué des *hôpitaux
d'ivrognes*, où le buveur est soumis à une vie régulière,

(1) Fonssagrives, *Dictionnaire de la santé*.

où sa volonté vacillante est sans cesse aidée, où enfin le malade est encouragé dans l'accomplissement de sa cure par la vue et l'exemple des convalescents qui l'entourent. En France, nous n'en sommes pas arrivés à ce degré d'institutions topiques, et nous n'avons que la ressource d'une médecine purement individuelle, médecine qui n'a point à son service le levier de la discipline et de la règle, l'appui si essentiel et si efficace de l'exemple.

Il ne faut pourtant pas se décourager, mais tâcher d'amener l'ivrogne, — puisqu'il faut l'appeler par son nom, — à diminuer progressivement les doses d'alcool qu'il absorbe journellement. Je dis progressivement, car la progression, dans l'abandon d'une sorte d'excitation organique journalière, est d'une immense importance chez un être, comme l'homme, essentiellement d'habitude.

Il faudra encore enlever le buveur à son milieu, lorsque ce milieu lui est une inévitable occasion d'excès. Il sera bon enfin d'essayer d'amener le consommateur d'alcool à substituer à une boisson mauvaise une liqueur inoffensive.

Que si, en présence de l'augmentation sans cesse croissante, malgré les lois édictées contre l'ivresse, des cas d'ivrognerie, l'Etat venait de nouveau à intervenir, il s'agirait, pensons-nous, de grever d'impôts plus lourds les alcools, en diminuant les taxes établies sur le café, la bière, par exemple. On parviendrait peut-être ainsi à substituer dans les habitudes populaires l'usage de boissons à peu près inoffensives à l'absinthe et à l'eau-de-vie. J'ai dit : peut-être, et le lecteur jugera, j'imagine, que c'est avec beaucoup de raison que je me sers ici d'une forme dubitative.

J'ai fait voir tout ce qu'a de dangereux, au point de vue de l'intelligence, l'usage de l'alcool ; j'ai tâché d'indiquer quelques moyens de guérir ceux qui abusent des excitants alcooliques, je ne croirais pas cependant avoir été complet sur le sujet qui nous occupe, si je ne citais le portrait que mon père, dans un petit traité d'hygiène populaire, a tracé du malheureux qui s'abandonne à la passion de l'ivresse. Voici ce portrait : « La face hébétée de l'ivrogne n'a plus rien d'humain ; ses idées, sans lien entre elles, n'ont pas plus de sens pour les autres que pour lui ; il délire, il est fou. Il ne parle pas, il balbutie ; les sons qui sortent de son gosier aviné tiennent autant du cri de l'animal que de la parole de l'homme ; incapable de diriger ses mouvements, il marche en trébuchant, à l'aventure, et s'il tombe et qu'on le relève d'un côté, il retombe de l'autre. Quelque hideux que soit ce ta-

bleau, il l'est bien moins encore que ce qu'il cache.
L'homme ivre est un homme qui se place volontai-
rement sur la pente de tous les crimes : l'un se tue,
l'autre tue ; celui-ci insulte tout ce qu'il rencontre ;
celui-là réserve tous les effets de sa colère pour sa
femme et ses enfants, qu'il ruine. Je ne dis pas que l'i-
vresse ait constamment ces effets funestes, mais elle
est la route qui y conduit ; et je n'exprime pas une
idée que je ne puisse prouver, quand je dis que
l'homme qui a contracté l'habitude de l'ivresse, a
fait près de la moitié du chemin qui conduit au bagne
ou à Charenton. L'ivrogne, d'habitude, qui échappe
à ce double malheur, finit presque toujours par mourir, avant le terme ordinaire de la vie, sur le grabat
de la misère (1). »

Il est d'autres abus, d'autres excès qui, non moins
que les excès alcooliques, sont funestes pour la raison : je veux parler des excès vénériens, des abus
génésiques.

Les excès vénériens, quand ils sont commis à un
certain âge, se produisent rarement seuls ; aussi, la
double cause, excès vénériens et excès alcooliques,
se rencontre fréquemment dans la genèse d'une ter-

---

(1) **Max Simon**, *Hygiène du corps et de l'âme.*

rible affection : la paralysie générale ou périencéphalite diffuse. Je sais, — et il faut le signaler expressé-
ment ici, — que les ennuis, les chagrins, les peines
de toute sorte, les travaux intellectuels exagérés,
fournissent leur contingent aux causes de la maladie
dont nous venons de parler ; mais il n'en demeure
pas moins vrai que les excès génésiques se montrent
avec une telle persistance dans toutes les observations
de paralysie générale, recueillies journellement dans
les maisons d'aliénés, qu'on ne peut s'empêcher de
les regarder comme la cause la plus tristement efficace de la périencéphalite diffuse. Attirer l'attention
sur la fréquence de la cause dont je viens de parler
est un devoir pour le médecin aliéniste et un devoir
impérieux, car, chaque jour, la triste affection qu'elle
engendre fait d'effrayants progrès. Cette affection
envahit, mieux, encombre les pensionnats destinés
aux malades riches. La raison de ce fait réside en
ceci : que les individus des classes riches, ou relati-
vement aisées, sont plus facilement que les autres
à même de commettre certains excès : d'abord parce
qu'ils sont plus favorisés au point de vue des ressources matérielles ; ensuite, parce que dans ces professions, on se marie généralement tard.

Pour se convaincre de la fréquence des excès dont

il est ici question, à une certaine époque de la vie et
dans une certaine classe de la société, il suffit de se
rappeler le genre de vie auquel sont conduits et comme
contraints nombre de jeunes gens habitant momentanément Paris. Qui ne sait, en effet, avec quelle fa-
cilité se laissent entraîner aux plaisirs frelatés, aux
amours faciles, les jeunes étudiants, dans la verdeur
de leur vingtième année, isolés, égarés, abandonnés
dans ce grand Paris, minotaure d'un nouveau genre ?
Qui peut ignorer l'ardeur avec laquelle les jeunes gens
du commerce et de l'industrie vont chercher, dans
les mêmes plaisirs, une distraction à leur vie surmenée, une diversion à une activité exclusivement
spécialisée ?

Qu'on n'aille pas conclure cependant de ce que nous
venons de dire que la paralysie générale ne frappe
que des célibataires ; il est bien loin d'en être ainsi, et
les hommes mariés sont peut-être ceux qui figurent
en plus grand nombre parmi les paralysés. Mais l'influence de la vie antérieure n'en demeure pas moins
évidente : les uns, en effet, sont frappés avant le mariage ; ils se sont rangés trop tard, et le mariage
achève ce que les amours faciles ont commencé ; les
autres retournent, après une lune de miel plus ou
moins longue, à leurs habitudes vagabondes, délais-

sant une compagne qui, pour charmante qu'elle soit, n'a point réussi à les fixer, à moins que, par une absence de sens moral, malheureusement moins rare qu'on ne le supposerait, ils n'essaient de transformer le mariage en une sorte d'association pour le plaisir, d'initier à la débauche une jeune fille qu'ils ont reçue chaste et pure.

Quoi qu'il en soit à cet égard, nous devons noter ici que, depuis quelques années surtout, le minimum de l'âge où se montre la paralysie générale tend constamment à s'abaisser. Les paralysés de trente, trente-cinq ans, sont loin d'être rares aujourd'hui. Et pourtant quelle triste maladie ! Et combien seraient grands les remords du paralysé s'il pouvait juger de son abaissement ! Ecoutez, vous qui me lisez, le portrait que trace du paralysé général un savant aliéniste, Marcé, et gravez bien ces traits dans votre esprit, afin que si vous êtes sur la pente, vous vous arrêtiez ; car suivant la maxime prononcée, selon la légende, par la tête magique qu'avait forgée Roger Bacon, « il fut un temps, il est un temps, bientôt il ne sera plus temps. » Ecoutez :

« Les malades vivent dans un état habituel de légère excitation alternant avec des paroxysmes irréguliers d'agitation plus violente ; leur excitation est automatique, elle n'a ni but, ni direction, ils vont et viennent, entrent et sortent, remuent leurs meubles, parlent seuls, déchirent leurs vêtements, arrachent leurs boutons, et tous leurs actes se ressentent du profond désordre de leur esprit. Entrent-ils dans une chambre, ils se déshabillent et se couchent dans le premier lit venu ; cherchent-ils à s'habiller, ils mettent leurs bas en guise de cravates, et confondront toutes les parties de leurs vêtements. Bientôt même la démence faisant chaque jour des progrès, ils deviennent malpropres, remplissent leurs poches de cailloux, d'ordures de toutes sortes, qu'ils manient avec plaisir et qu'ils cherchent même à manger. La notion du temps, des lieux, de l'espace, s'efface dans leur esprit, ils reconnaissent à peine leurs plus proches parents, ils oublient qu'ils sont mariés, qu'ils ont des enfants, ils ont perdu le souvenir des événements qui les touche de plus près. Pendant les paroxysmes d'agitation maniaque, ils deviennent violents, brisent tout ce qui se présente à eux, poussent des cris et déploient une force musculaire hors de proportion avec leur état antérieur...

« Cependant les troubles de la motilité se prononcent davantage. L'embarras de la parole se reconnaît dès que le malade a articulé quelques paroles ; il s'accompagne, dans quelques cas, de mâchonnement, mais plus souvent encore d'un grincement de dents qui se produit tantôt d'une manière continue, tantôt d'une manière intermittente , et dont le rhythme monotone et agaçant s'entend d'un bout d'une salle à l'autre ; ce grincement est parfois tellement intense, tellement prolongé, que les dents sont usées par le frottement jusqu'à la moitié de leur hauteur. L'affaiblissement et l'irrégularité de la contractilité musculaire deviennent tels que le malade marche avec beaucoup de difficulté, tombe au moindre obstacle et devient incapable de monter un escalier ; il a beaucoup de peine à s'habiller, à porter les aliments à sa bouche, il devient nécessaire d'exercer autour de lui une exacte surveillance. Ce n'est pas sans étonnement que, dans les moments d'agitation, l'on voit ces paralytiques, qui se soutenaient à peine sur leurs jambes, déployer des forces considérables, briser des obstacles solides, et exiger la présence de plusieurs gardiens pour les maintenir.

« En même temps que les évacuations deviennent involontaires, l'embarras de la parole augmente à un tel point que le langage des malades devient inintelligible, et qu'on n'entend plus que quelques syllabes

confuses et sans signification ; j'ai vu même des cas
où, malgré la persistance d'un certain degré d'intelligence, qui se révélait par les gestes et par l'expression
des yeux, l'articulation des mots était devenue complétement impossible, et les malades restaient muets,
malgré leurs efforts énergiques pour émettre un son.

« La marche devient de plus en plus difficile, les
sujets sont fortement inclinés, soit à droite, soit à
gauche, selon le côté où prédominent les accidents
paralytiques ; bientôt ils tremblent sur leurs jambes,
ne peuvent se tenir debout, et sont condamnés à
passer leur vie dans un lit ou dans un fauteuil.
Les fonctions intellectuelles sont réduites à la nullité la plus complète, les malades ne reconnaissent
plus personne, ils n'ont plus ni sentiments, ni instincts ; il faut les faire manger comme des enfants, et
veiller à tous leurs besoins ; leur agitation, lorsqu'il
en existe encore, se traduit par des cris inarticulés,
persistants, qui ne semblent correspondre à aucune
douleur, à aucun sentiment, par des mouvements au-
tomatiques, à l'aide desquels ils déchirent en mille
pièces leurs vêtements, leurs draps, et tous les objets
qui sont à leur portée. Seules, la nutrition et l'assi-
milation se font encore avec une régularité et une
énergie qui étonnent, et l'on peut dire sans exagéra-

4.

tion que l'existence se trouve alors réduite à des fonctions purement végétatives (1). »

J'achèverai ce tableau, peu encourageant déjà, en disant que, dans la période ultime de la paralysie générale, le malade, couché, immobile, couvert d'escarres rendant un pus fétide, est un cadavre vivant, et que la mort, quand elle arrive, ne change rien à l'aspect d'un corps détruit et en proie à une décomposition anticipée.

Il nous reste présentement à parler des mauvaises habitudes. Ces habitudes sont malheureusement assez communes ; elles existent indistinctement dans les deux sexes. Tous les pathologistes en ont signalé les funestes effets, au point de vue de la genèse de l'hystérie et plus fréquemment peut-être encore de l'épilepsie. Quant au médecin aliéniste, il a malheureusement trop souvent sous les yeux des folies créées de toutes pièces par les mauvaises habitudes. Et, chose triste à dire ! presque toutes ces folies deviennent rapidement incurables. Dans les cas où la cause dont nous parlons est constatée, la démence se montre, en effet, beaucoup plus tôt que dans les vésanies amenées par une cause différente.

(1) Marcé, *Traité des maladies mentales.*

Je vois journellement deux pauvres jeunes gens
chez lesquels la perte de la raison est évidemment
le résultat d'habitudes mauvaises. Tous deux sont en
démence, et la démence s'est déclarée chez eux dans
l'année même de leur traitement.

Que faire en face d'une cause aussi funeste et quel
moyen employer pour éloigner des jeunes gens un
tel danger ?

Je n'hésiterai pas à le dire, les enseignements graves de la morale, la vie régulière de la famille, l'absence de tout mauvais exemple, seront d'une haute
utilité ; mais, malgré tout ce qu'il y a là de chances
heureuses de garantir les enfants des mauvaises
habitudes, il ne faut point négliger un moyen plus
grossier, en apparence, mais fréquemment peut-être
aussi plus efficace : l'exercice corporel, la fatigue.
Oui, fatiguez les enfants, fatiguez les jeunes gens.
Ne craignez pas pour eux les courses, les longues
promenades, la gymnastique ; c'est un fait de commune expérience que le corps fatigué n'est guère
tourmenté par le trop plein du système nerveux.

Evitez également pour les jeunes gens la solitude.
A cette époque de la vie, c'est surtout dans le sens
des mauvaises habitudes qu'est profondément vrai
le mot de l'Ecriture : *Væ soli*. Enfin éloignez d'eux,

avant tout, les livres licencieux, les gravures, non pas seulement obscènes, mais encore celles qui, sans fausse pruderie, peuvent paraître légères. Il y a, en effet, dans le livre et la gravure obscènes, une véritable suggession, et cette suggession, les moralistes n'ont jamais manqué d'en signaler le danger. De plus, qu'on le remarque bien, nous sommes ici à l'âge de Chérubin, où l'esprit du jeune homme est en quête de toutes sortes de mystères, où il s'ingénie à toutes sortes de recherches, où il adore même Marcelline.

Soyons prudents, plus que prudents, et demeurons persuadés que l'ignorance, en ces sortes de choses, sera toujours le meilleur des préservatifs.

L'abus du tabac peut-il conduire à la folie ? c'est ce qu'il est assez difficile d'établir positivement. Nous avons affaire ici à un fait si commun, à une habitude si répandue, que nous voyons contracter tous les jours, et, paraît-il, sans danger par un si grand nombre de personnes, que l'on peut hésiter à résoudre la question affirmativement. Cependant, comme je l'ai consigné dans un de mes rapports médicaux (1), j'ai eu l'occasion d'observer un cas de

_____

(1) *Compte rendu du service médical de la section des hommes de l'asile d'aliénés de Bron (exercice* 1879).

paralysie générale où il m'a paru que la maladie ne reconnaissait pas une autre génèse. J'ajouterai que des médecins absolument autorisés n'hésitent pas à considérer l'abus du tabac comme une des causes de la péri-encéphalite diffuse. Si, du reste, on se rappelle les effets nocifs de la nicotine, parmi lesquels on peut noter des hallucinations de l'ouïe, des troubles du mouvement et de la sensibilité, de l'obtusion intellectuelle, etc., on ne trouvera rien d'improbable à ce que la paralysie générale puisse être le résultat de l'usage prolongé d'un toxique qui agit comme je viens de le dire sur le système nerveux et cérébral.

Quoi qu'il en soit à cet égard, il est certain qu'au simple point de vue de la complète intégrité de l'intelligence, l'abus du tabac ne saurait être considéré comme inoffensif. Un savant éminent, M. le Professeur Fonssagrives (1), a raconté l'histoire d'un de ses amis, fumeur émérite, qui, pendant une saison d'eaux où le loisir dont il jouissait lui avait permis de se livrer plus librement qu'il ne le faisait ordinairement à son habitude favorite, se trouva un jour dans l'impossibilité de se rappeler le nom d'un

(1) Fonssagrives, *Entretiens familiers sur l'Hygiène.*

de ses enfants. J'ai moi-même connu un professeur
de l'Université, homme de l'intelligence la plus distinguée, qui, après s'être livré longtemps impunément à un usage de tabac véritablement excessif, se
trouva pendant une de ses leçons, dans l'impossibilité d'énoncer un théorème très simple qu'il avait
à démontrer. Ces faits, on le voit, sont sérieux et
condamnent, sinon l'usage, au moins l'abus d'une
plante que j'aurais pourtant bien voulu innocenter
absolument, parce qu'elle combat l'ennui, endort le
souci et permet encore au rêveur et au poète de
s'abandonner plus aisément aux fantaisies de l'imagination.

Il est enfin des excès d'une nature élevée, en quelque sorte, et qui attirent sur ceux qui en sont victimes une commisération plus vive : ces excès sont les
excès de travail intellectuel. L'intelligence est la gloire
de l'homme. Tout effort, fait en vue d'étendre les connaissances humaines, qu'il soit ou non suivi de
succès, inspire à ceux-là, au moins, qui connaissent
la valeur des choses de l'esprit, un intérêt sympathique pour celui qui l'a tenté. Et cela est de toute
justice : le pionnier de la pensée, autant que celui
du monde physique, mérite reconnaissance et respect. Aussi bien, quand une intelligence qui s'est

mesurée avec ces problèmes ardus dont l'homme est pour sa gloire, du reste, éternellement tourmenté, vient à sombrer du vertige qui l'a saisie devant quelque insondable abîme, notre cœur est profondément ému par cette infortune imméritée, et mieux encore, méritoire, si je puis dire. Mais il y a plus, et quand une intelligence ordinaire, dans l'effort qu'elle fait pour comprendre, pour s'élever, pour si peu que ce soit, à la connaissance des choses qui l'entourent, quand une telle intelligence succombe, il y a encore dans cette chute quelque chose qui nous remue, qui éveille notre sympathique pitié : c'est qu'invinciblement nous estimons l'effort, nous tenons en honneur le lutteur.

Pour moi, je l'avoue, je ne vois jamais d'aliénation engendrée par la cause qui nous occupe en ce moment sans éprouver pour celui qui en est atteint un sympathique respect. Des folies que j'ai eu l'occasion de rencontrer ayant cette origine, je demanderai la permission de citer trois exemples. Dans les deux premières observations, il s'agit d'intelligences élevées et cultivées; la deuxième a trait à un esprit plus modeste. Voici ces observations :

Un homme, tout jeune encore, se livrait, depuis plusieurs années déjà, avec une ardeur singulière à l'étude de la philosophie. Toutes les questions du jour étaient étudiées par ce penseur, tous les problèmes attiraient son attention ; il n'y avait pas de difficultés devant lesquelles reculât la hardiesse de son esprit. Cependant il arriva que, tout entier à ces études ardues, le jeune homme dont je parle en vint bientôt à perdre le sens vrai des choses ; sa personnalité s'exalta en raison, en quelque sorte, de la profondeur à laquelle il était arrivé dans la connaissance des mystères de la vie et du monde ; il crut que la nature n'avait plus pour lui ni obscurités, ni secrets : il savait tout, pouvait tout. La raison s'était éclipsée, et cet homme, d'un esprit jadis si brillant, vécut jusqu'à la fin de sa carrière rédigeant des mémoires remplis de conceptions incohérentes, adonné à des pratiques ridicules et grotesques, inspirant la pitié, parfois la moquerie de ceux qui l'avaient autrefois admiré, envié peut-être. Autre fait :

Un jeune médecin, après des examens passés avec succès et un concours brillamment et heureusement subi, s'était livré à des études extrêmement arides touchant la métaphysique et la philosophie naturelle. Il avait réuni un certain nombre de faits heureusement coordonnés et poursuivait ses recherches avec

une fiévreuse activité, espérant faire sortir de cet
ensemble de données des lois précises, d'une absolue certitude. Il jouisssait par avance de la gloire
de sa découverte, et excité par l'espoir, par la certitude du succès, après des journées de fatigue consacrées à sa clientèle, il passait les nuits dans les
calculs les plus ardus, dans les plus profondes méditations. L'effort était trop grand, l'intelligence céda
et ce jeune savant vit encore, je le crains bien, dans
la maison de santé où j'ai appris qu'il avait été
interné.

Si dans les deux exemples que je viens de citer,
nous avons eu affaire à des esprits livrés à des travaux de haute portée, des études très simples peuvent également, comme je l'ai dit, avoir aussi un
résultat malheureux. Il n'y a, en effet, rien d'absolu
en ces choses ; tout est relatif, tout est proportion, et
telle étude simple, facile pour quelques esprits, né-
cessite pour d'autres un effort de volonté, une dépense de forces intellectuelles qui brise le faible
instrument auquel on l'impose. J'ai eu l'occasion
de voir, à l'époque où je commençais à étudier les
maladies mentales, un pauvre jeune homme dont le
souvenir restera éternellement gravé dans ma mémoire. Ce jeune homme, qui appartenait à une fa-

mille très honnête, mais absolument dénuée des biens de la fortune, avait nourri le désir de se faire recevoir instituteur. Il entrevoyait dans la position modeste à laquelle il aspirait, un moyen de secourir ses parents. Il travailla pour arriver au but qu'il s'était proposé avec toute l'énergie dont il était capable. Il ne se permettait aucune distraction, aucun plaisir. Ses nuits, quand approcha le moment des examens qu'il devait subir, étaient souvent en grande partie consacrées au travail. Tout d'abord sa santé physique en souffrit; puis bientôt, il devint triste ; ses efforts pour apprendre se trouvèrent infructueux : il ne retenait plus ce qu'il étudiait. Enfin, l'intelligence s'éclipsa et ce pauvre jeune homme tomba dans un état de lypémanie stupide dont je ne crois pas qu'il soit jamais sorti.

Ai-je suffisamment signalé le danger des excès de toute sorte, et pourrai-je éloigner de l'abîme quelques-uns, au moins, de ceux à qui cet avertissement est adressé? J'ose à peine l'espérer, quand je vois combien, en tous événements, nous sommes peu instruits par les inévitables malheurs de la vie personnellement éprouvés, et comme l'expérience, cette éternelle fouetteuse, semble pourtant ne nous frapper jamais assez.

CHAPITRE VI

MARIAGE — CÉLIBAT — SOLITUDE

Le *mariage* doit être examiné à un double point de vue : celui des époux et celui des enfants, ce dernier n'étant pas le moins important. En effet, si tel mariage, contracté dans de certaines conditions, a pu être considéré à juste titre comme une cause de folie, bien plus nombreux sont les faits où l'on peut constater, comme agent presque unique de l'aliénation, la tare héréditaire.

En thèse générale, le mariage semble être une condition préservatrice des affections mentales et nerveuses, les statistiques accusant d'une façon à peu près constante, dans le nombre des aliénations, la prédominance du chiffre des célibataires sur celui des gens mariés : voilà le résultat général des observations statistiques.

Cependant, il faut en convenir, il est des cas où, évidemment, le mariage a été une cause déterminante de folie : ces cas sont ceux des mariages malheureux, mal assortis, et, chose triste à dire ! aujourd'hui ces unions sont fréquentes. Il est rare qu'on s'occupe de la question, si importante pourtant, de la conformité des goûts et des caractères, des qualités morales des personnes à unir, de leur santé physique même. Une seule question semble importante, est agitée et prise en considération, c'est la question de la dot. Parfois, la position sociale entre encore en ligne de compte ; mais le reste est passé absolument sous silence. En cela, qui est coupable? Quand il s'agit d'une jeune fille, ce sont les parents, assurément, qui se laissent éblouir par quelque considération de situation et de fortune, et se prononcent sans examen sérieux, mais suivant les déplorables usages du siècle. Le jeune homme, lui, est plus libre à l'ordinaire, et il est généralement l'artisan de son propre malheur. Mais, ici encore, l'argent a été ordinairement la raison déterminante; on a passé sur le reste, on ne s'est même pas informé.

Quand, dans un mariage, les choses ont été ainsi faites, avec une légèreté singulière, presque coupable, le moment de la vie commune venu, on ne tarde pas à s'apercevoir que des natures absolument incompatibles ont été unies : on se trouve en face de quelque vice caché, de quelque situation irrémédiable. Que faire ? Hélas ! la chaîne est rivée et les prisonniers n'ont qu'à la porter : c'est ce qu'ils font avec un succès divers, le plus souvent souffrant silencieusement et regrettant. Parfois, cependant, quelque éclat public vient dévoiler l'incurable plaie de ces unions ; d'autres fois encore, la perte de la raison est amenée par le désespoir qui naît du sentiment de l'irrémédiable, de mille et mille froissements cachés. Toujours, en somme, c'est le malheur. Que si l'on pensait que j'exagère et que c'est ici un tableau fait à plaisir, que l'on entende, sur la question, un de nos plus illustres aliénistes, récemment enlevé à la science, le docteur Morel, que j'ai déjà cité dans ce travail :

« J'ai constaté, dans mes rapports médicaux, dit M. Morel, que les mariages disparates, qui ne figurent, que je sache, dans aucune statistique, avaient plus d'une fois déterminé la folie. J'ai remarqué dans plusieurs occasions la dépression mélancolique, avec tendance au suicide, chez des jeunes filles de dix-huit à vingt ans qui avaient épousé des vieillards quinteux et difficiles. D'autres fois, le phénomène maladif reposait sur un élément étiologique d'une nature plus intime encore et plus désolante dans son action. Il est arrivé que des femmes ont été unies à des êtres profondément immoraux, et dont les tendances dépravées ont porté un trouble irrémédiable dans la sphère des sentiments affectifs chez des jeunes filles pures, innocentes et profondément religieuses. Cette cause ne peut être égalée, dans son action, qu'au chagrin éprouvé par une femme, qui, dès les premiers jours de son mariage, s'aperçoit qu'elle est destinée à vivre avec un mari chez lequel on a méconnu une paralysie générale commençante, et dont les actes insensés se sont manifestés après les premiers rapports conjugaux. J'ai vu, dans des circonstances pareilles, des femmes supporter dignement leur malheur et prodiguer à des êtres qui les maltraitaient et menaçaient incessamment leur existence, les soins les plus dévoués et les plus héroïques. Une seule chose a lieu de nous étonner, lorsqu'on connaît la légèreté avec laquelle se font beaucoup de mariages, ainsi que le sordide intérêt qui préside souvent à l'acte le plus important de la vie ; une seule chose, dis-je, a lieu de nous étonner, c'est de ne pas voir se développer plus souvent la folie à la suite d'un amour trompé dans ses plus légitimes espérances (1). »

On le voit, je n'ai pas exagéré les conséquences déplorables des mariages malheureux, et, comme je l'ai dit, ces tristes résultats doivent, en grande partie, être attribués à l'unique préoccupation de la dot, qui, au temps présent, hante les esprits, les possède et les asservit complétement.

J'ajouterai qu'il existe un préjugé singulier qui, à mon sens, peut entrer en ligne de compte, quand on considère la fréquence de ces tristes mariages : ce préjugé, qui existe surtout dans certaines classes de la société et non toujours des moins éclairées, consiste à penser que les jeunes-gens sont d'autant meilleurs maris qu'ils ont été plus dissolus dans leur jeunesse. Pour ma part, je n'en crois rien, et ce que ma situation de médecin aliéniste me permet d'affirmer, c'est que c'est dans les rangs des voltigeurs de l'amour, pour me servir d'une expression peut-être un peu trop pittoresque, admis trop tard au giron du mariage, que se recrute, parmi la population aisée, la plus grande partie des paralysés généraux. Ai-je besoin d'insister ? je ne le

(1) Morel, *Traité des maladies mentales.*

pense pas ; le lecteur est suffisamment prévenu.

Puisque j'en trouve l'occasion, je signalerai également ici une erreur fort répandue parmi les gens du monde et qui, trop souvent, je le dis à regret, a été propagée par des médecins non suffisamment attentifs : cette erreur tend à faire envisager le mariage comme un remède souverain contre les affections hystériques. Rien n'est plus faux que cette idée. Dans un remarquable ouvrage (1), œuvre de patiente et consciencieuse observation, M. le docteur Briquet a montré que l'hystérie était plus commune chez les femmes mariées, chez celles dont le genre de vie ne permet pas de faire remonter leur affection à des désirs non satisfaits, que chez les jeunes filles ; il a trouvé, également, que les femmes âgées étaient fréquemment sujettes à cette maladie. C'est donc une simple banalité que le conseil, si souvent et si légèrement donné, de faire marier les jeunes filles hystériques, et l'observation apprend même que souvent, par le mariage, les symptômes de l'affection que l'on voulait combattre, loin de diminuer, augmentent. Et vraiment, comment s'en étonner ? Le mariage apporte-t-il toujours avec lui, dans la

(1) Briquet, *Traité de l'hystérie.*

vie de la femme, le calme, le bonheur, la certitude
d'affection, la confiance entière, cette atmosphère
paisible et sûre, en un mot, que l'on conçoit que
l'on puisse rechercher pour une jeune fille nerveuse !
Hélas, non, et souvent les querelles, les nécessités
de la vie, les froissements du caractère viennent
irriter une nature déjà en proie à une sorte de perpétuel agacement. Qu'on ne se fasse donc pas sur
ce point d'idées fausses, et préjudiciables à celles
que l'on voudrait servir et soulager ; qu'on se per-
suade que le mariage, dans les cas dont nous nous
occupons, ne saurait être avantageux que s'il doit
apporter à la femme la vie sûre, le calme, l'affection ;
que s'il est désiré vivement par elle. Je noterai, en
finissant ce paragraphe, que si le mariage ne guérit
que bien rarement l'hystérie, il semble résulter de
plusieurs observations que cette affection nerveuse
s'est souvent montrée à la suite de mariages man-
qués. Mais il est facile de voir qu'il s'agit ici d'une
tout autre question que celle que nous venons de
traiter.

Le mariage examiné au point de vue des enfants
offre peut-être encore matière à de plus sérieuses
réflexions que celles que nous venons de présenter
dans la première partie de ce chapitre, et il semble

5

que le médecin doive être encore ici plus hardi à
dire la vérité, plus grave et plus sévère. Chacun, en
effet, a droit, jusqu'à un certain point, de disposer
de son avenir, de son bonheur et de sa vie ; mais il
est souverainement injuste d'imposer aux êtres à
qui nous donnons le jour la souffrance ou la folie.
C'est pourtant ce que l'on fait trop souvent, non
sciemment et de propos délibéré, mais faute de réflexion, par insouciance, par manque absolu de pré-
vision. Et qu'on le remarque bien, ce ne sont pas
seulement les fous qui engendrent des fous, les épileptiques qui donnent naissance à des épileptiques :
tous les névropathiques, tous les sujets doués de
quelque vice du côté du système nerveux, sont
propres à transmettre à leurs enfants une aptitude
aux affections nerveuses se traduisant, à un moment
donné, par une maladie convulsive ou une vésanie.
Mais il y a plus, et voici que nous rencontrons encore
sous nos pas, en cette question, non une maladie,
mais une passion, passion sans cesse combattue au
nom de la morale et de l'hygiène, objet en France, depuis quelque temps surtout, de l'attention du gouvernement, et dont les résultats funestes pour l'individu
sont, sans aucun doute, plus graves encore pour l'espèce : on a déjà deviné qu'il s'agit de l'ivrognerie.

De sérieuses recherches ont été faites, il y a quelques années, par M. le docteur Voisin, sur la santé
des enfants conçus pendant l'ivresse ; voici les résultats auxquels est arrivé le savant médecin de la
Salpétrière.

Sur 17 observations d'enfants recevant la vie au
milieu de l'ivresse des parents, M. Voisin constate
qu'il est né : 3 idiots, 2 épileptiques, 11 enfants morts
de convulsions en bas âge et 1 enfant atteint de myé-
lite chronique. Pour la conception dans l'alcoolisme
chronique en dehors de l'ivresse, les faits signalés
par le même observateur ne sont pas moins attris-
tants : le résultat a été de produire 8 idiots et 10
épileptiques. Deux fois la mère était buveuse d'eau-
de-vie (1).

Ces faits sont graves, de la dernière gravité. Il y a
là un sujet de préoccupations pour le penseur, préoccupations qui ne peuvent manquer de s'accroître
quand on vient à songer que les affections nerveuses,
comme nombre d'autres maladies, non seulement se
transmettent du père au fils, mais encore peuvent
sauter une génération. Comment cela arrive-t-il ? La
question est délicate et non de nature, du reste, à

(1) *Annales médico-psychologiques*, septembre 1872.

être examinée dans un livre tel que celui-ci. Ce que
je puis dire en passant, c'est que la connaissance
toute moderne de la génération alternante fera certainement un jour mieux comprendre comment
des accidents pathologiques passent ainsi par-dessus
une génération. Quoi qu'il en soit, le fait est cons-
tant et, sans tomber dans une sotte exagération, on
voit toute la réserve qu'il commande.

Je m'arrête ici demandant au lecteur, en finissant,
la permission de lui dire un de mes étonnements.
Oui, je me suis souvent demandé pourquoi, en cette
grave question du mariage, on ne consulte presque
jamais le médecin. Qu'on pense mûrement, qu'on
réfléchisse souvent à ce que nous venons de dire et
l'on comprendra combien de malheurs possibles
seront éloignés du mariage, lorsque pour toute union
les conditions non seulement de santé, mais encore
d'hérédité, auront été préalablement, de part et d'autre, discrètement, mais sérieusement recherchées.

Le mariage est la condition naturelle de l'homme ;
le *célibat* ne saurait jamais être que l'exception. Mais
comme cette exception ne laisse pas d'être représen-
tée par un chiffre assez élevé dans les sociétés civilisées, il importe d'examiner quelle peut être l'influence du célibat dans la genèse des aliénations. Les

statistiques ne laissent pas de doute sur le sujet qui
nous occupe ; elles répondent toutes d'une façon
univoque : le célibat est favorable au développement
de la folie. Ici cependant, comme dans toutes les
questions où la statistique est invoquée, le fait brut
demande à être décomposé : c'est ce que nous allons
faire.

Si l'on considère que le célibat comporte assez
ordinairement de nombreux excès, une vie irrégu-
lière et mal agencée, si l'on veut nous permettre
cette expression, on comprendra que les résultats
indiqués par la statistique tiennent surtout à l'irrégularité de la vie chez le célibataire. Veut-on, au
contraire, se représenter une vie digne, bien entendue, vouée à de sérieux devoirs, alors, si je ne me
trompe, le célibat n'aura plus la même valeur au
point de vue de la production de la folie. J'en excep-
terai pourtant la femme, chez laquelle, lorsque le
célibat n'est pas volontaire, le besoin d'affection à
prodiguer, si bien en rapport avec sa nature, refoulé
et déçu, développe souvent une forme de vésanie
des plus tenaces et parfois rapidement incurable.

Tout près du célibat, et l'accompagnant souvent,
est la *solitude*. Voyons quelle peut-être la valeur de
cette cause dans la production de la folie.

La solitude a été considérée par certains médecins aliénistes comme éminemment propre à amener la perte de la raison. Cette opinion est trop absolue ; il y a là une erreur d'appréciation ou, mieux encore, d'observation, et c'est encore la statistique, prise trop à la lettre, qui me paraît avoir donné naissance à l'exagération que je crois devoir signaler ici. Nombre de folies, en effet, débutent par de la tristesse, tristesse qui porte le malade à rechercher la solitude. Les lypémaniaques, les persécutés, etc., sont dans ce cas, et les familles, qui constatent ce besoin d'isolement, prenant l'effet pour la cause, l'indiquent souvent comme ayant amené la maladie. Cela étant dit, la part de l'exagération étant faite dans la fréquence d'action de la cause dont nous nous occupons en ce moment, nous pouvons étudier de plus près la question qui, malgré ce que nous venons de dire, reste absolument entière. Quelle est donc l'influence de la solitude sur l'intégrité de la raison ?

Les mondains, les ennuyés, les névropatiques, les hypocondriaques s'accommodent mal de la solitude. Ces derniers principalement, toujours repliés sur eux-mêmes, tourmentant, agaçant continuellement leur système nerveux, voient dans la solitude leur maladie s'accroître, leurs douleurs imaginaires aug-

menter. A l'hypocondriaque s'interrogeant, s'exami-
nant, se palpant, écoutant ses artères battre, ses
muscles remuer, il faut de la distraction. Il faut
arracher cet observateur de sa propre machine à son
observation obstinée ; il faut l'entraîner et le mettre
en face d'un spectacle qui ne soit pas lui. A un tel
homme, la solitude est mauvaise.

Mais pour un esprit sain et fort quel danger peut-
il y avoir dans la solitude? Pour un tel esprit existe-
t-il même une solitude? Qui me parle de solitude
quand dans son âme on porte un monde : monde de
souvenirs, monde d'affections, monde de la nature,
monde de la spéculation la plus variée, monde du
passé et de l'avenir. Non, en de telles conditions, il
n'y a pas de solitude.

Les liens de la plus étroite parenté m'ont fait vivre,
me font vivre encore, une fois l'année, dans le commerce d'un noble esprit, aimant, chérissant la solitude ou, tout au moins, la presque solitude. De cet
esprit élevé un des maîtres de notre science et de
notre art a écrit : qu'il « s'obstinait à cacher derrière
les murs d'une petite ville une lumière faite pour
briller sur les sommets. » Cela est vrai ; mais la
petite ville et la solitude n'ont en rien atténué la
chaleur de cœur, la hauteur de vues de celui dont

je parle, et dont je suis heureux de parler. Attentif
à toutes les questions, curieux de tous les problèmes
qui s'agitent au fond de l'âme humaine, ce noble
esprit, tout rempli de ce généreux désir de connaître
qui fait la gloire de l'homme, voit la solitude accroître chaque jour en lui et la hauteur des vues et la
largeur du cœur. Que la solitude soit funeste avec
le remords, avec une mauvaise âme, je le veux ;
mais avec les nobles et grandes pensées de l'âme
humaine, non assurément ; la solitude est alors, à
proprement parler, simplement une place plus près
de Dieu.

Voudrait-on parler maintenant d'une solitude mo-
mentanée ? Non seulement cette solitude ne saurait
être dangereuse, mais elle est d'une ressource précieuse, en telle circonstance donnée, pour la conser-
vation de la santé de l'esprit. Qui n'a senti, en effet,
la fatigue des relations mondaines, la vanité de ces
conversations où l'on n'acquiert rien et où l'on se
dépense inutilement ? Qui n'a parfois souffert sur ce
terrain privilégié de la vanité ? Et, au contraire, qui
ne s'est senti calmé et fortifié par la retraite, le re-
cueillement et le commerce de ces nobles esprits toujours nos amis, prodigues de bons conseils, que rien
ne lasse et que rien ne trouble : les livres. Qui fera

jamais assez l'éloge des livres ? Avez-vous besoin
d'un avis ? le livre vous le donnera, désintéressé,
complet, exempt de toute réticence, sans avoir égard
à vos préjugés, sans s'inquiéter de vous ménager en
rien. Avez-vous éprouvé les sévérités de la fortune,
avez-vous souffert de l'injustice des hommes ? les livres vous apprendront que bien d'autres ont souffert
qui valaient mieux que vous ; ils vous montreront de
nobles et dignes vies traversées par des embûches,
par des tristesses, par des angoisses de toute sorte.
Vous vous plaignez de vos malheurs immérités ? et
ces nobles hommes, honneur de l'humanité, qu'a-
vaient-ils donc fait pour souffrir ?

Ne craignons donc point, momentanément au
moins, la solitude. Sachons, au contraire, nous y ha-
bituer en des limites raisonnables. Pour moi, je l'a-
voue, j'ai quelque peine à priser ces hommes qui,
selon l'expression du moraliste, ont « ce grand malheur de ne pouvoir être seuls. »

Je me suis laissé aller à faire l'éloge de la solitude ;
je l'ai fait même, je l'avouerai, avec un secret plaisir. Cependant, je dois l'avouer, la solitude, même
dans ces circonstances singulièrement favorables,
peut avoir son danger. L'homme seul perd facilement le sentiment de son exacte valeur ; il risque de

5.

se grandir plus que de raison. Il est bon, de temps à autre, de se mesurer à quelque grand chiffre humain, si l'on veut me passer cette expression, pour ne pas tomber dans l'orgueil.

Au point de vue des sentiments affectifs, la solitude peut, pour quelques esprits, devenir également mauvaise : l'égoïsme volontiers s'y développe ; mais là n'est pas le danger ; le vrai danger le voici : que si une certaine misanthropie nous a conduits loin du monde, dans l'isolement de la vie, volontiers cette dédaigneuse disposition d'esprit s'accroît et se fortifie. Seuls, nous perdons facilement de vue les qualités généreuses de l'homme qui ne s'exercent pas vis-à-vis de nous ; de nos semblables nous ne voyons plus que les travers, les faiblesses, les ridicules, les vices, heureux quand nous n'en venons pas à soupçonner, dans les meilleures actions de ceux qui nous approchent, des motifs cachés de trahison : « Pourquoi, dit un personnage du théâtre anglais, pourquoi veux-tu être mon ami ? Je ne suis pas marié ; je n'ai donc pas de femme que tu puisses séduire ; je suis pauvre et tu ne peux, par conséquent, m'emprunter de l'argent. Pourquoi donc veux-tu être mon ami (1) ? » Ou

(1) Congrève, *Amour pour amour.*

bien encore le découragement, la désillusion et comme l'écœurement des hommes vous saisit, quand vous comparez l'homme réel avec celui que le sentiment de la vérité et de la justice a, pour ainsi dire, créé de toutes pièces dans votre esprit trop seul, trop absolu. Vous vous trouvez, en quelque sorte, dans le cas de Gulliver après son voyage au pays des chevaux : la vue des injustices humaines, des sottises, des ingratitudes, si fréquentes en ce monde, vous blesse et vous irrite, et vous vous laissez entraîner à répéter avec l'admirable Shakspeare : « voir le mérite naître pour mendier, la nullité creuse prospérer dans la joie, la bonne foi chassée et parjurée ; voir bafouer comme une niaiserie l'ingénuité méconnue, le mauvais esprit exploiter le bon, cela me lasse et me harcèle : j'aimerais mieux le calme de la mort ; la fatigue m'accable, et je souhaiterais m'en aller de ce monde, n'était l'ennui d'y laisser seuls ceux que j'aime (1). »

(1) Shakspeare, *Sonnets*.

CHAPITRE VII

DE LA CIVILISATION

L'influence de la civilisation sur la genèse des affections mentales et nerveuses a été bien des fois étudiée et, généralement, les médecins qui se sont occupés de la question ont admis que la civilisation tend à exercer sur les maladies du système nerveux une désastreuse influence. Quelques écrivains pourtant ont contesté cet effet ou, au moins, l'ont réduit aux plus minimes proportions. Mais, à notre avis, si des écrivains sérieux ont pu élever même un doute au sujet du fait qui nous occupe ici, c'est faute de l'avoir suffisamment scruté et décomposé en ses principaux éléments. Voyons, en effet, ce qui se passe autour de nous et comme sous nos yeux.

La société française et presque toutes les sociétés civilisées ont subi, depuis moins d'un siècle, une complète transformation ; il y a plus, on peut les considérer comme en un perpétuel mouvement. Le monde d'autrefois a disparu : un monde nouveau se fait, s'élabore, se cherche, si je puis ainsi dire, et semble ne pouvoir s'établir en un stable équilibre qu'après une série d'évolutions, et quand il aura trouvé la formule nécessairement complexe qui lui permettra de tenir compte de tous les éléments qui le composent. Cependant, au milieu de ce mouvement, les individualités s'agitent, poursuivant la satisfaction d'intérêts divers. Mais dans ce concert un peu confus de compétitions variées, les passions mises en jeu ne sont pas sans être préjudiciables à ceux qu'elles mènent, sans léser ceux qui s'y trouvent simplement mêlés. De là des troubles de la raison que l'on peut attribuer à la situation politique et sociale dans laquelle se trouvent aujourd'hui plusieurs nations civilisées ; enfin, dans les pays dont les gouvernements se refusent obstinément à tout changement, on voit que les gouvernants ont recours à des moyens de compression dont les effets sont parfois funestes à la santé intellectuelle de quelques-uns des gouvernés.

D'un autre côté, les progrès de l'industrie ont développé le goût de la jouissance que l'accroissement de la richesse générale du pays a donné à presque

toutes les classes la possibilité de satisfaire. Le désir
de s'enrichir s'est infiltré peu à peu, et est devenu la
préoccupation principale de la génération présente.
Il y a plus, le goût de la fortune à tout prix a brisé
les liens de la famille ; on déserte le foyer paternel,
chacun partant à la recherche de la toison d'or :
voyage qui s'accomplit avec des chances diverses,
mais souvent malheureuses. Enfin, il n'est pas jusqu'à l'instruction, cette chose excellente en soi, qui,
en désaccord avec le caractère, les ressources de l'esprit, avec la position sociale, avec les avantages ma-
tériels que la mise en œuvre de cette instruction peut
procurer, ne puisse être indiquée comme défavorable
parfois à la santé de l'esprit.

Mais nous allons examiner d'un peu plus près quelques-uns, au moins, des traits de ce rapide tableau,
et montrer comment les divers éléments de la civilisation peuvent agir dans la production de la folie et
des autres affections nerveuses.

Notre génération a assisté à la révolution écono-
mique qui a été le résultat de la création des chemins
de fer et des progrès immenses réalisés par l'industrie aidée et guidée par la science. L'abondance du
numéraire, la consommation de toutes choses
augmentée, la production en rapport avec la consom-

mation, la spéculation opérant sur ces éléments divers : voilà ce que nous avons vu, ce que nous constatons encore aujourd'hui. A aucune époque, l'argent n'a été universellement manié avec une telle passion, avec un tel entraînement. Les affaires, sous le dernier empire, étaient devenues une sorte de loterie. Les opérations commerciales se faisaient avec cette fièvre que le jeu seul allume ordinairement chez ses adeptes. En une nuit, on gagnait ou on perdait des sommes qu'autrefois le commerçant mettait une vie entière à amasser : de là, le mépris de l'économie, l'imprévoyance, la prodigalité, le goût de la jouissance facile et au jour le jour, le dédain de la vie. On escomptait son existence, on mesurait la vie par la jouissance, on estimait que la somme de plaisirs que l'homme peut goûter étant fournie, sa vie était complète ; on pouvait mourir. Hélas ! on ne mourait pas toujours ; mais ces incessantes alternatives de succès et de revers dans le jeu de la spéculation, ces jouissances accumulées, si je puis ainsi dire, et exagérées, usaient le système nerveux, on perdait la raison, et la paralysie générale était et est encore, pour beaucoup des agioteurs du jour, la fin d'une existence fiévreuse et surmenée. En ma qualité de médecin aliéniste, j'ai donné des soins, il y a quelques années,

à un homme jadis très intelligent et qui était tombé
dans la démence paralytique. Spéculant sur je ne
sais quelle branche de commerce, il faisait parfois des
bénéfices considérables pour éprouver le lendemain
des pertes qui se chiffraient par les sommes les plus
élevées. Les jours de gain étaient marqués par des
fêtes où tous les plaisirs étaient réunis, où étaient
commis tous les excès. Les jours de perte, au contraire, c'était l'incertitude, l'inquiétude, l'angoisse,
le désir de regagner les sommes perdues, en un mot
l'émotion poignante du jeu. Pendant quelque temps,
une constitution robuste permit à la personne dont
je parle de commettre tous ces excès, de supporter
ces alternatives de joie excessive et d'abattement
profond. Bientôt, cependant, l'intelligence s'affaiblit ;
les facultés du joueur ayant baissé, des pertes plus
cruelles furent subies ; enfin les erreurs les plus grossières commises par le malade dans ses lettres d'affaires avertirent la famille, et M*** fut interné dans
une maison de santé où il succomba aux progrès de
la paralysie générale.

Si la richesse facilement acquise, si l'argent follement dépensé par les spéculateurs, est un trait caractéristique de notre époque de civilisation avancée, le
désir de paraître, qui a commencé sous le dernier

règne à s'emparer de toutes les classes, mais des classes favorisées de la fortune principalement, mérite également d'être signalé. Hommes et femmes ont été atteints de ce travers. Pour ces dernières, le désir de briller se traduisait généralement ainsi : argent follement dépensé, souvent au delà des ressources ; costumes excentriques, dont on ne craignait pas d'emprunter le modèle aux courtisanes ; dédain du convenable et de toute tenue ; habitudes prises des propos malséants trop facilement entendus, tenus parfois par qui n'aurait pas dû même en comprendre les termes équivoques ; une sorte d'argot parlé jusque dans les salons ; tout, en somme, était bon pour se mettre hors de pages dans le monde de l'élégance à grandes guides. On s'ingéniait à être *drôle* et évaporée ; on mettait son système nerveux à l'unisson des trépidations de la musique d'Offenbach, et l'on devenait immanquablement hystérique et quelquefois aliénée. Pour l'homme, les chevaux et les femmes furent son luxe et sa gloire. A cette époque est vraiment né le règne de la courtisane, qui mène après elle la ruine et le regret tardif, le suicide et la folie. En tous cas, ces choses furent de mauvais exemple, apprenant à tous le dédain de la règle et du devoir, excitant des appétits souvent impossibles à satisfaire, mettant bien des existences hors de leur voie, et, par cela même, les exposant au naufrage définitif de la raison, pour laquelle la meilleure assiette est la mesure en toutes choses, la voie droite et la sincérité dans la vie.

N'est-ce pas encore de notre état social que sont sorties, parmi les femmes, ces singulières individualités auxquelles on pourrait donner le nom de déclassées ? Les femmes déclassées ! Aucune société autre que la nôtre ne les a connues. Nous, nous les connaissons ; mais peut-être ne saurons-nous jamais combien il y a dans cette situation anormale de désespoirs et de douleurs. En tous cas, les femmes déclassées sont nombreuses parmi nous, et il est rare que, dans un asile, une année se passe sans qu'on y reçoive une ou plusieurs jeunes filles qu'on peut ranger parmi celles dont nous nous occupons ici. Elles étaient faites pour devenir de bonnes mères de famille, honneur de leur mari et, si je puis dire, force de la nation qui s'affaiblit par l'état stationnaire de la population, et elles iront tristement finir leur vie dans une maison de fous. Et d'où cela vient-il ? de ce fait que la sagesse et le bon sens semblent, en face du désir exagéré du bien-être, avoir disparu de notre beau pays. Par les bienfaits de l'industrie ont

été mis à la portée de tous les vêtements brillants,
mille fantaisies de toutes sortes, peu coûteuses, mais
élégantes, véritable contrefaçon du luxe, et, avec trop
peu de prudence, l'ouvrier a laissé sa fille se parer de
ses oripeaux. Bien naturellement, du reste, la jeune
fille s'est plu dans ces colifichets. Encouragée et adu-
lée par les siens, qui la trouvent belle et le lui disent, elle finit par se croire d'une nature toute rare et
spéciale. Son père n'est plus bientôt qu'un bon-
homme chez lequel elle daigne demeurer ; sa mère
une sorte de cameriste dont elle veut bien accepter
les services : voilà tout. Car pour elle, la jeune
reine, elle attend le prince Charmant ou son envoyé qui viendra lui essayer la pantoufle de verre.
Hélas ? le temps passe et le prince Charmant ne
paraît pas ; non plus son envoyé. La pauvre jeune
fille s'attriste et prend en dégoût son habitation
modeste, en haine son père et sa mère ; quelques
mois encore, et la lypémanie hystérique est arrivée.

Nous venons de voir la jeune fille déclassée par le fait
d'un luxe frelaté mis inconsidérément à sa portée par
la tendresse mal entendue de parents trop faibles ; nous
allons nous occuper présentement de quelque chose de
plus triste peut-être ; je veux parler des femmes déclassées, en quelque sorte, par le fait de leur instruction.

Les femmes ayant reçu une instruction convenable et dénuées de fortune sont ordinairement en France institutrices, gouvernantes, dames de compagnie. Toutes ces professions sont généralement mal rétribuées ; mais ce n'est peut-être pas là le côté le plus défavorable de ces sortes de positions. Ce qu'il y a de plus dangereux et de plus funeste pour les femmes qui exercent les professions dont nous venons de parler consiste dans le contraste qui existe entre l'avenir fermé qui, en réalité, se présente à elles, et la vie brillante qu'elles côtoient à chaque instant ou dont, tout au moins, elles ont la vive intuition. L'esprit de ces personnes est assez cultivé pour apprécier tout le charme d'une société élégante et polie, et leur imagination, si elles ne la surveillent avec une attention toute spéciale, si elles ne la réfrènent de toute la force de leur raison, leur imagination risque de les emporter au milieu de rêves que la réalité brisera inexorablement ; que si dans ces rêves est entrée quelque douce chimère du cœur, si naturelle à la nature aimante de la femme, plus dure encore sera la chute, plus désespérément triste le réveil inévitable. Et quand bien même la jeune fille ne se laisserait point aller à quelque secrète espérance que l'avenir doit décevoir, a-t-on réfléchi à tout ce qu'il y a de pénible dans sa vie presque nécessairement solitaire ? Car cette jeune fille, de mœurs délicates, à la tournure fine et distinguée, habituée au contact de toutes les élégances, les comprenant, les devinant, à tout le moins, d'un esprit élevé et cultivé, pourra-t-elle jamais se résoudre à épouser un ouvrier ? et pourtant, qui voudra l'épouser aujourd'hui que l'argent est le *deus ex machinâ* qui résout partout l'imbroglio de la comédie du mariage.

Ne nous étonnons donc pas que nombre d'institutrices et de gouvernantes finissent leur vie dans un asile d'aliénés. Pauvres filles ! Comment pouvaient-elles s'imaginer que ce qu'elles considéraient, et qu'elles avaient le droit de considérer comme un avantage dans la vie, comme une conquête, conquête qu'elles faisaient au prix d'efforts souvent pénibles et des plus méritoires, les conduirait à un aussi déplorable sort. Mais devons-nous, en vérité ! nous contenter d'un platonique attendrissement sur un sort aussi triste et déplorable ? N'y a-t-il là rien à faire ? Pour moi, j'imagine que si plus souvent nombre de positions, remplies fréquemment par des hommes, et que les femmes pourraient parfaitement occuper (1),

(1) Voir la note E.

étaient données aux jeunes filles ayant une instruction convenable, nous n'assisterions pas à de telles
détresses. Par la situation qu'elle aurait conquise, la
femme remplacerait la dot absente, et l'instruction
ne serait plus une cause de malheur pour celle qui
l'aurait acquise. Nous n'aurions pas sous les yeux
cette injustice et cette monstrueuse absurdité : une
chose précieuse et bonne tournant au détriment de
qui la possède. Souhaitons donc que cette anomalie
disparaisse au plus vite. Comme nous vivons, je
pense, dans une ère généreuse où les douleurs des
petits ont chance de n'être point méprisées, un tel
vœu, quelque obscur que soit celui qui le forme, peut
avoir un écho : aussi n'ai-je pas hésité à l'exprimer
ici. Mais assez sur ce point, et voyons quel résultat
peut avoir sur la santé intellectuelle l'état politique
dans lequel se trouvent en ce moment nombre de
pays civilisés.

Il n'y a pas à se le dissimuler, les exemples fré-
quents dans nos sociétés démocratiques de fortunes
politiques aussi brillantes que subites ont jeté dans
beaucoup de têtes mal organisées des germes d'ambition malsaine. Les hommes atteints de ces ambitions possèdent généralement une instruction insuf-
fisante. Esprits mal équilibrés, inquiets, remuants et

remplis de projets, ils se croient ordinairement dignes de toute fortune ; ils sont bons à toutes fonctions, aptes à tous emplois, non pas des moindres, mais des plus hauts. Ils se voient volontiers les àrbitres de leur ville, les héros de leur pays ; ils se lancent ainsi dans la vague région des rêves, et ces rêves, l'avenir ne les réalise pas, parce que ce sont des rêves et que les facultés ne répondent pas à l'ambition de celui qui les fait. Les années ont passé cependant, les vaines espérances ont été brisées et la désillusion est venue inévitablement. Alors, trompés dans leurs désirs, ces désillusionnés deviennent des déclassés et vont grossir le nombre des politiques de hasard, des entrepreneurs d'agitation, des partisans par avance de toute entreprise de force. Mais les déceptions succèdent aux déceptions ; éconduits incessamment par ceux auprès desquels ils sollicitent, ces pauvres déclassés voient le ressentiment germer dans leur cœur : bientôt la haine s'implante au plus profond de ces âmes ulcérées, y grandit, s'y fortifie. De la perversion des sentiments aux désordres de l'esprit, la distance est bientôt franchie, et le délire des persécutions s'organise.

Plus intéressants peut-être, non moins à plaindre assurément, sont ces pauvres habitants des campa-

gnes qui, ignorant toutes choses et voulant pourtant
mêler leur voix au concert confus des politiques de
village, inventent quelque système d'organisation politique plus ou moins ridicule, caressent et nourris-
sent leur idée fausse et finissent par perdre la raison
dans la vaine poursuite de ces inutiles chimères. J'ai
eu longtemps sous les yeux un de ces malheureux,
pauvre esprit tout plein de projets de réformes. Ouvrier des campagnes, rempli de candeur, de bonne
foi et d'honnêteté, il avait cru pouvoir changer le
train du monde en donnant aux chambres, aux mi-
nistres, de judicieux conseils. Il caressa quelque
temps ces idées malencontreuses, puis, il en vint à
s'imaginer qu'il faisait par son *pouvoir électrique*
marcher l'administration française, le pays tout entier. La raison avait définitivement abandonné ce
pauvre villageois, digne d'un meilleur sort.

Enfin, les révolutions, fréquentes depuis un siècle,
ont inspiré à certains esprits une crainte exagérée
des catastrophes qui accompagnent à l'ordinaire ces
bouleversements. Amis de la paix, soucieux de conserver le fruit de leur travail, ils voient toujours
avec peine la possibilité d'un changement quelconque
dans la forme du gouvernement; volontiers ils s'acco-
modent du mauvais dans la crainte du pire. Ils

redoutent l'inconnu ; ils ne vivent point dans le présent, mais se font de demain un spectre qui les poursuit. Les prétentions de certains esprits exaltés les portent à tout craindre, les désastres particuliers, qui ont plus d'une fois marqué les révolutions, semblent justifier leurs craintes, et ces craintes, ces terreurs ont parfois abouti à la folie.

Mais si certaines personnes ont, en quelque sorte, la terreur des révolutions, il arrive que d'autres, dans les pays de gouvernement autoritaire, ont l'esprit comme obsédé par la continuelle pensée de quelques moyens de compression trop fréquemment mis en usage par ces gouvernements. Nous allons avoir affaire ici, en quelque sorte, à la contre-partie des préoccupations chimériques que nous étudiions tout-à-l'heure : tant il est vrai que bien rarement l'homme sait se tenir dans de justes limites ! Les gouvernements qui s'imposent par la force, dans la nécessité où ils sont de veiller incessamment à leur sûreté, développent outre mesure les moyens d'information occulte, et la police politique prend ordinairement dans les Etats soumis au régime autocratique une extension anormale. La connaissance de ce fait, répandue dans le public, donne facilement naissance à la crainte exagérée de la police ; quelque violence commise en dehors de tout droit, et dont le bruit, mal contenu, finit par arriver aux oreilles du public, ajoute naturellement à cette crainte. Enfin l'habileté des agents de police à surprendre les secrets, souvent mise en jeu par les romanciers et présentée avec un certain caractère de merveillosité tout propre à émouvoir le lecteur, cette habileté, dis-je, ainsi vantée, vient encore augmenter dans l'esprit de certains la terreur qu'inspire toujours toute inquisition cachée, tout soupçon de délation. On comprendra facilement que la crainte dont je viens de parler ait fréquemment engendré le délire des persécutions : il n'est rien de plus pénible, en effet, de plus douloureux que l'idée, vraie ou fausse, d'une surveillance occulte, de plus odieux que la persuasion de quelque délation mercenaire, principalement quand cette surveillance et cette délation peuvent aboutir à quelque peine indûment infligée en dehors de la loi.

De même que les conditions de la vie intérieure des nations sont chez quelques-uns l'occasion du développement de troubles intellectuels, de même les événements qui peuvent naître des rapports des nations entre elles, et dont les guerres sont la plus tragique expression, ont une indubitable influence sur la santé de l'esprit. Il ne semble pas, il est vrai, que cette cause augmente le nombre des folies, mais on la voit, en quelque sorte, se substituer aux autres causes et prédominer absolument dans la genèse des aliénations. C'est ce que, dans un travail (1) fait avec la rigoureuse exactitude, l'abondance d'informations, la netteté de vues qui lui est habituelle, un éminent aliéniste, M. le Dr Lunier, a parfaitement établi. Ce savant a montré que les événements de 1870-71 ont déterminé du 1er juillet 1869 au 1er juillet 1870, l'explosion de 14 à 1500 cas de folie. Il faut bien dire que les déchirements intérieurs qui ont suivi, chez nous, la guerre étrangère, entrent pour une part dans le chiffre de ces aliénations ; mais, dans un cas comme dans l'autre, la cause est la même : il s'agit de ce fait violent, anormal : la guerre. Et comment s'étonner d'un tel résultat ? tous les événements dont la violence est le cachet agissent ainsi. « Les guerres sans pitié, écrit, dans son langage grandiose, le Lyonnais Ballanche, les guerres sans pitié, les exterminations, l'incendie, le sac des villes, les vengeances des délateurs, qui, dans des temps de révolution, assassinent avec un poignard dont le manche

---

(1) Dr Lunier, *Influence des événements de 1870-71 sur le mouvement de l'aliénation mentale en France.*

est tenu par une main invisible, toutes ces terribles
épreuves ne sont pas également supportées par ceux
qui en sont les victimes. L'horripilation qui saisit
les hommes dans les jours d'angoisses, et qui les
rend comme insensés, enivre pour longtemps les
imaginations. »

Nous voyons donc, par ce qui vient d'être dit dans
ce chapitre, que l'état de civilisation dans lequel se
trouvent aujourd'hui la plupart des sociétés peut
avoir une influence marquée sur la production de la
folie. Est-ce à dire pour cela que la civilisation soit
chose mauvaise ? Loin de nous une telle pensée ! Le
progrès est la gloire de l'homme ; en avant ! est sa
devise. Mais il n'est chose en ce monde qui, à côté
des plus précieux avantages, n'ait quelque fâcheux
revers : l'électricité fait, en quelques minutes, par-
courir à la pensée humaine des espaces immenses ;
elle est aussi le principe de la foudre qui brise et qui
tue.

CHAPITRE VIII

DES PROFESSIONS

Le choix d'une profession a toujours été regardé par ceux qui se sont occupés de l'étude de l'homme comme un des actes les plus importants de la vie. En effet, la profession représente tout un ensemble de conditions d'habitudes, de milieu, de peines et de devoirs qui, à la longue, influent sur l'être moral et physique au point de le modifier presque entièrement. Si quelqu'un voulait nier cette influence de la profession sur l'homme, sans pénétrer bien avant dans la question, nous nous bornerions à rappeler combien fréquemment les professions impriment à ceux qui les exercent un cachet tellement net et évident que la personne la moins perspicace reconnaît bien souvent à leur physionomie, à leurs gestes, à leurs discours habituels, les individus appartenant à tel ou tel corps de métier, remplissant telle ou telle

fonction sociale. Si un être humain peut être à ce
point façonné et comme marqué par les habitudes
de sa vie de tous les jours, on comprend de quelle
importance sera le choix d'une profession pour les
individus quelque peu prédisposés aux affections
mentales et nerveuses, c'est-à-dire pour les individus
éminemment susceptibles de ressentir toutes les impressions.

Et pourtant, avec quelle légèreté se fait parfois ce
choix, par les motifs les plus futiles, les moins dignes de considération ! Heureux encore quand, par
de périlleuses expériences, ceux qui ont mission de
diriger l'instruction de la jeunesse ne viennent pas
égarer des générations entières. Il y a quelque vingt
ans, le fait s'est produit en France. A un enfant, ne
connaissant rien du monde ni de la vie, on venait
demander de choisir une direction. Il choisissait au
hasard ou obéissant à quelque raison absolument
futile, et, arrivé au moment d'embrasser la profession pour laquelle il avait été préparé, il s'apercevait
que rien dans cette profession ne répondait à ses aptitudes : d'où des carrières manquées, des vies sans
but, jouet de tous les caprices du hasard. Il importe
donc de ne point se hâter pour un tel choix. Il faut
laisser l'enfant se développer, le jeune homme se

dessiner, si je puis ainsi dire, l'étudiant avec persévérance, sans idées préconçues, sans user surtout de
suggestions à son égard, et quand on aura démêlé
les véritables aptitudes intellectuelles de l'enfant, on
pourra le diriger en conséquence, avec un grand
avantage pour lui : « Si chaque homme, dit Spurzeim, était placé conformément à ses capacités naturelles, les sciences, les arts feraient plus de progrès,
et beaucoup de gens à talent, mécontents de leur situation actuelle, exerceraient un état plus conforme
à leurs goûts. Quelques individus se trouveraient
plus heureux avec un moindre revenu, s'ils pouvaient
s'occuper de ce qui leur plaît davantage » (1).

Mais les professions ne doivent pas seulement être
considérées au point de vue des facultés intellectuelles, il faut encore et surtout les envisager au
point de vue des aptitudes morales, au point de vue
du caractère de celui qui doit choisir une carrière.
Tel individu aura une intelligence apte à l'exercice
de telle profession qui, par son caractère, se trouvera
néanmoins malheureux s'il embrasse cette profession. En semblable matière, il faut considérer le caractère, les aptitudes morales, comme une donnée

(1) Spurzeim, *Essai sur les principes élémentaires de l'éducation.*

du problème à résoudre tellement importante qu'il est nécessaire de ne pas la perdre de vue un seul instant ; et c'est là précisément ce dont la plupart du temps on ne se rend pas un compte suffisant.

Et cependant, pour qu'un homme soit heureux dans une profession, pour qu'il ne s'y heurte à aucun de ces obstacles qui ébranlent et brisent le système nerveux, il faut qu'il y trouve tout à la fois l'emploi le meilleur de ses facultés intellectuelles, le milieu le plus favorable à son caractère, la possibilité d'y développer sans obstacles sa virtualité morale. Aussi ai-je pensé qu'il ne serait pas inutile d'indiquer ici les qualités intellectuelles et morales nécessaires à l'exercice de chaque profession. Voici, énumérées par profession, ces diverses qualités :

Hauts fonctionnaires

Science administrative — justice — justesse d'appréciation — prudence — fermeté — accès facile — bienveillance.

Magistrats

Science — intégrité — équité — indépendance — amour de la vérité.

Militaires et Marins

Force physique — courage physique et moral — respect des supérieurs — exactitude — science spéciale — bonne tenue — ordre — cosmopolisme.

Médecins

Science — prudence — décision — force physique et surtout force morale — discrétion — sympathie pour la souffrance.

Avocats

Science spéciale — éloquence — aptitude au travail — netteté d'appréciation — perspicacité — amour de la vérité.

Notaires, Avoués

Science du droit — activité — intégrité — dévouement aux intérêts de leurs clients.

Employés

Travail — respect des chefs hiérarchiques — politesse modération dans les désirs — ordre — économie.

Grand commerce

Science commerciale — prudence — décision — probité reconnue — délicatesse en affaires — résignation facile vis-à-vis des pertes d'argent entraînées par les éventualités du commerce.

Chefs d'industries

Science industrielle — aptitude aux affaires — probité reconnue — bienveillance pour les ouvriers.

Petit commerce

Probité — prudence — politesse — ordre — économie!

6.

Travailleurs industriels

Économie — tempérance — aptitude spéciale suivant le genre de travail — respect des patrons — bonne camaraderie.

Cultivateurs

Frugalité — activité — économie — prévoyance — amour de la vie simple en toutes choses.

Professeurs

Science — talent de parole — clarté — bienveillance — patience.

Écrivains

Aptitude — indépendance — science — dignité — préoccupation médiocre de la fortune.

Savants

Esprit d'observation — persévérance — amour de l'étude — préoccupation médiocre de la fortune et des honneurs.

Artistes

Amour de l'art — compréhension du beau — aptitude — foi dans le succès.

Mais les professions peuvent encore être envisagées à un autre point de vue : celui du calme de la vie, question si importante quand il s'agit de systèmes nerveux facilement impressionnables. Or, toutes les professions sont loin d'offrir les mêmes conditions sous ce rapport.

J'ai indiqué dans le tableau suivant une classification des professions basée sur les conditions de vie que l'on rencontre dans les diverses professions. Il sera facile au lecteur de ranger toutes les professions suivant les divisions de ce tableau.

Classification des professions

I. Professions hiérarchisées	à vie commune forcée	1° avec travail intellectuel et responsabilité.
		2° sans grand travail intellectuel ni responsabilité.
	sans vie commune forcée	1° avec travail intellectuel et responsabilité.
		2° sans grand travail intellectuel ni responsabilité.
II. Professions sans hiérarchie	. . . .	1° avec travail intellectuel et responsabilité.
	. . . .	2° avec travail intellectuel sans responsabilité.
	. . . .	3° sans travail intellectuel ni grande responsabilité.

Voyons maintenant, en passant rapidement en revue les diverses catégories de professions indiquées dans notre tableau, quelles sont celles qui offriront les conditions les plus propres à conserver ce calme que j'ai dit être si précieux, surtout pour les organisations impressionnables et nerveuses.

Mais préalablement, avant tout examen de la question, je rappellerai que les aptitudes intellectuelles et morales de chaque individu sont toujours à considérer dans le choix d'une profession, et que telle situation qui paraît dure pour les uns est aux autres facile et agréable. Cette part étant faite à la spécialité de l'aptitude, il est évident que les professions qui offriront le moins de préoccupations, qui surexcitent le moins l'ambition, seront celles qu'il faudra choisir de préférence, si l'on veut vivre dans le calme si propre à conserver l'intégrité de la raison.

Voici, compendieusement exposés, les résultats auxquels nous conduit à ce point de vue l'examen des principales classes de professions que nous avons établies.

Les professions libres offrent l'avantage considérable de laisser indépendants ceux qui les exercent. Leur désavantage est de présenter peut-être moins de sécurité pour l'avenir, de faire courir des chances plus variées. Le plus ou moins de responsabilité que comportent les professions dont nous parlons, et du reste, en général, toutes les professions de même classe, les divise naturellement en deux catégories,

et il va sans dire que le peu de responsabilité devra
être considéré comme une condition favorable. Je ferai la même remarque au point de vue du travail intellectuel, plus ou moins pénible et soutenu, que
comporte l'exercice de telle ou telle profession.

Les professions à hiérarchie sans vie commune
forcée et continuelle ont d'autres avantages, d'autres
inconvénients. Si cette hiérarchie est respectée et
nettement établie, si l'avancement se fait dans des
conditions de loyauté suffisante, si cet avancement
permet à ceux qui le poursuivent de l'atteindre assez
rapidement pour que leurs désirs ne soient pas constamment en éveil, ceux qui seront placés dans ces
conditions jouiront, s'ils le veulent, de tout le calme
enviable. Enfin, la retraite ordinairement placée au
terme de ces carrières met ceux qui les exercent à
l'abri des préoccupations du moment.

Pour les professions hiérarchisées à vie commune
forcée, quand cette vie commune est de tous les jours
et de tous les instants, le calme d'esprit que peut
procurer la sécurité de l'avenir est annihilé par les
froissements, les antipathies, les taquineries de toutes
sortes qui naissent à l'ordinaire de la vie commune
forcée entre individus du caractère le plus différent.
Aussi, peut-être faut-il préférer l'incertitude des pro-

fessions absolument libres et sans grande responsabilité à celles dont je viens de m'occuper. On comprend, du reste, qu'il y ait, en une question à éléments aussi complexes, des distinctions à faire, et
que la solution du problème doive varier avec chaque
cas particulier.

Est-il besoin d'insister et de se livrer à un examen
plus minutieux ? Je ne le pense pas. Je laisserai donc
au lecteur le soin d'apprécier dans le détail, au point
de vue spécial que je viens d'indiquer, celui du calme
de la vie, chacune des professions, et de peser ses
avantages et ses inconvénients.

Abordant maintenant un autre côté de la question,
je dirai : En tout état de cause, à toute profession il
est essentiel de ne demander que les résultats moyens
qu'elle peut fournir. Qui ne le sait ? un jeune homme,
la plupart du temps, ne s'engage pas pour devenir un
bon militaire et atteindre, avec le temps, un grade
qui lui permette de vivre en ses vieux jours avec une
retraite modeste ; il s'engage souvent dans l'espoir,
non avoué, mais caressé, de devenir général ou ma-
réchal de France. Qu'on ne rie pas ! c'est la vérité
vraie, et pour chaque profession, il en est ainsi peu
ou prou. Mauvaise tendance ! Ne demandons que le
possible, la vie commune. L'exception ne saurait être

la règle ; et l'exception en espérance, c'est la déception comme résultat.

Mais je ne terminerai pas ce chapitre sur les professions sans dire un mot à l'adresse de l'homme
particulièrement livré aux travaux de l'esprit, à qui
je m'intéresse un peu par similitude de situation, et
parce que, plus que d'autres, il est exposé aux tra-
hisons de la fortune. A tous ceux donc qui vivent dans les spéculations de l'esprit, je dirai : Si
vous voulez poursuivre l'étude de la science, aban-
donnez l'idée de la fortune, des places, des honneurs;
vraisemblablement, vous n'y parviendrez pas. Pendant que vous chercherez la solution de problèmes
ardus, que vous étudierez l'évolution des phénomènes, que vous suivrez curieusement les transforma-
tions de la matière sous l'influence de forces dont
vous tenterez de saisir les lois, un autre se remuera,
s'ingéniera, mettra en campagne sa famille, ses
amis, le ban et l'arrière-ban de ses connaissances, et
la place que vous croyez due à vos travaux, cet em-
pressé, ce visiteur, l'obtiendra. De cela, ne vous
étonnez ni ne vous irritez : c'est, en somme, dans
l'ordre des sociétés, où, depuis qu'il y a eu des places
et des solliciteurs, ces procédés ont été en usage. Ne
serait-il point impertinent à vous de penser que cela

va changer uniquement pour vous? Ne soyez donc
ni mécontent, ni troublé d'une chose toute naturelle; mais abdiquez toute ambition et cherchez la
vérité pour elle-même. Quand vous aurez élevé votre esprit à cette hauteur, dans la situation la plus
modeste, vous vous sentirez exempt d'inquiétude;
vous jouirez de ce tranquille bonheur, — que certains sont portés à nier, mais bien réel pourtant, —
que procure le dessein arrêté de ne désirer rien des
futiles avantages à la poursuite desquels la plupart
des hommes consument leur vie. Que si, par votre
labeur, par vos méditations, vous parvenez à ravir
à la nature un de ces secrets qu'elle garde avec la
jalousie du sphinx antique, je vous promets une joie
que ni places ni honneurs ne vous procureraient jamais, car vous vous sentirez alors plus véritablement homme, plus près de l'éternelle intelligence.

CHAPITRE IX

DE LA VIE HEUREUSE

On a vu, au courant de ce livre, combien de fois le
malheur, la triste condition de l'homme, a été cause
de la perte de sa raison. Il importerait donc de connaître les conditions du bonheur. Mais qu'est-ce que
le bonheur ? On a beaucoup écrit sur le bonheur, et
ce sujet, qui tient si fort au cœur de l'homme, toujours traité, demeure toujours actuel et presque nouveau. C'est que le bonheur est un désir permanent
de l'âme humaine, et que, de siècle en siècle, les
hommes s'épuisent à une poursuite qui les déçoit le
plus souvent et qui les leurre. Les uns placent le
bonheur dans la richesse, le luxe, le bien-être maté-
riel : bientôt ils reconnaissent qu'ils se trompent ;
les autres le placent dans l'ambition et les satisfactions de l'amour-propre, et ceux-là aussi ne tardent
pas à reconnaître qu'ils se trompent. D'autres enfin,

et plus nombreux peut-être, croient trouver le bonheur dans les grossières satisfactions des sens : un temps vient où ils s'aperçoivent en quelle erreur ils sont tombés.

Qu'est donc le bonheur pour l'homme, puisque tous les efforts tentés par lui afin d'y parvenir n'aboutissent qu'à la déception, qu'à la désillusion profonde? Le bonheur existe-t-il ou n'est-ce qu'une de ces chimères décevantes qui s'éloignent à mesure qu'on les poursuit, pour s'évanouir sans retour sous la main qui s'apprête à les saisir? Telle n'est pas notre pensée : nous croyons le bonheur possible pour l'homme; mais nous croyons, aussi qu'à l'ordinaire il le cherche où il n'est pas, qu'il le met en des objets qui sont incapables de le lui procurer. Pour nous le bonheur consiste dans le calme, dans la sérénité de l'âme, calme et sérénité qui ne se peuvent atteindre que par la stricte et formelle obéissance à la loi morale écrite dans le cœur de tout homme venant en ce monde. Cette lumière, si nous ne l'éteignons pas, sera notre guide. Suivons-la, elle ne nous égarera pas, et à celui qui marchera toujours dans la voie qu'elle lui trace en notre obscure destinée, je promets le bonheur extérieur, cette large part du bonheur humain.

Mais le monde extérieur nous apporte, quoi que nous puissions faire, quelle que soit la rectitude de nos actions, la droiture de nos intentions, peines et tribulations ; tribulations venant des fatalités de la nature, des fatalités de la société et enfin des hommes.

Contre les circonstances extérieures il n'est de remède que dans la résignation. Mais si nous savons comprendre, la résignation nous sera facile : « Comprendre, a dit Goëthe, c'est voir la nécessité des choses, » et quand nous aurons vu cette nécessité, quand nous aurons saisi ces grandes lois de la nature qui nous imposent, suivant des formules définies, si je puis ainsi parler, la maladie et la souffrance, nous saurons nous incliner devant l'éternelle volonté qui a créé la matière et les règles qui la gouvernent. Pourtant il est des infortunes contre lesquelles, à l'honneur de l'homme, dirai-je même, la plus haute compréhension des lois de la nature ne peut rien. Je veux parler de la perte des êtres qui nous sont chers. Philosopher sur ces choses est inutile; l'âme est alors frappée dans ce qu'elle a de plus sensible. Toute humaine consolation est vaine.

Quant au monde social, lui aussi, il se meut, se développe et se métamorphose suivant des lois presque nécessaires. Là, pourtant, en de certaines limites, nous pouvons exercer notre influence suivant les lumières de notre raison, suivant la droiture de notre caractère. N'hésitons pas à le faire. Mais cela fait, demeurons calmes. Voilà que le drame politique se noue, s'enchaîne, se déroule courant à la catastrophe finale. Que si la parole que nous avons cru, dans la loyauté de notre conscience, devoir prononcer dans cette pièce aux innombrables acteurs, n'a point été entendue, ne nous troublons pas : soumettons-nous à la nécessité, gardant toujours en notre cœur l'amour de la justice et de la vérité.

Enfin, vis-à-vis des hommes considérés individuellement, de leurs passions, de leurs agressions injustes, sachons user du pardon, cette forme active, si je puis ainsi dire, de la résignation. Pardonnons et oublions.

Pour me résumer, je dirai en finissant : conscience droite, résignation et pardon, voilà peut-être en trois mots toute la formule du bonheur. Je sais bien que cela nous conduit, en somme, bien près de cette banalité qu'on appelle la vertu. Eh, oui ! que voulez-vous ? On n'a pas encore trouvé de moyen plus sûr pour être à peu près heureux et souvent même pour se bien porter.

MAXIMES ET PENSÉES

I

Je voudrais apprendre à mon lecteur à aimer les mille petits soucis journaliers de la vie. L'homme est ainsi fait que l'habitude en lui émousse toute chose. Cela étant, ne voit-on pas que notre âme, ayant été mille et mille fois éprouvée, sera comme aguerrie et qu'un malheur véritable ne la trouvera plus si impressionnable, si neuve à la souffrance, et partant si facile à troubler, si apte à vivement souffrir. C'est là ce qui me fait penser que les déceptions ordinaires de la vie doivent être facilement acceptées.

II

Que notre idéal intérieur soit aussi élevé que possible. La vertu, la science et l'art sont hors de l'at-

teinte des événements et des hommes. Mais pour
l'idéal de la vie extérieure, pour le but que nous nous
proposons d'atteindre dans le monde, sachons user
de modération et ne le plaçons pas trop haut. Les
déceptions inévitables quand, sans considérer le possible et le réel, on s'abandonne aux rêveries de l'ambition, ces déceptions énervent, brisent, tuent. Rien
n'est plus funeste pour la santé de l'esprit que les
rêves ambitieux, parce que rien n'est plus dur que
l'évanouissement subit de ces rêveries imprudemment caressées : la raison sombre souvent avec les
secrets désirs trompés.

III

L'imagination, a-t-on dit, est la folle du logis ; oui,
mais elle en est aussi l'enchanteresse. Voyez sa force
et sa puissance ; tout lui est bon pour échafauder ses
sublimes tableaux : la feuille qui murmure et le
fleuve qui mugit, l'arbre dépouillé, comme la prai-
rie verdoyante ; charmes de la nature, conceptions
sublimes de l'art, douceur infinie d'aimer, tout vient
d'elle. Elle ne connaît de bornes ni dans le temps,
ni dans l'espace ; elle commande et, comme une
magicienne, elle fait apparaître à nos yeux les siècles
passés ; à sa voix l'infini se resserre, et nous tou-

chons, comme avec la main, des mondes innombrables de l'espace sans limites. ·

IV

Müller a dit quelque part, à peu près en ces termes : « Tout ce que nous considérons comme possible dans notre organisme est bien près d'y être réalisé. » Cela est profondément vrai, et tout le monde l'a éprouvé. S'imagine-t-on qu'on va rougir? On rougit infailliblement. Croit-on avoir quelque organe lésé? On y ressent volontiers et très véritablement de la douleur. Une persistance singulière à s'imaginer que l'on est malade engendre presque inévitablement des troubles dynamiques variés. Mais pourquoi ne ferions-nous pas tourner au profit de la santé une disposition si propre à faire naître la maladie? croyons donc fermement que nous allons guérir, et nous guérirons.

V

Dans notre monde social, il y a dans tout homme vivant sa vie quelque chose de l'acteur. Nous sommes tous à proprement parler des acteurs représentant un rôle dans une pièce, dont nous avons plus ou moins l'intelligence et la clef. Celui qui volontaire-

ment s'est assigné tel rôle, le remplit généralement
passablement; quelquefois, avec un vrai succès, bien
qu'à l'origine il n'y eût point de rapport entre le personnage fictif et l'être réel. Par hasard, n'en serait-il
pas un peu de même pour le malade et l'homme bien
portant? Oui assurément. Prenez l'air et le costume
d'un malade, vous serez bien prêt d'être véritablement malade; affirmez-vous bien portant : vous le
deviendrez.

VI

. Tous ceux qui ont été à même de rencontrer des
hypocondriaques, des malades atteints de délire par-
tiel au début de la maladie, ont pu remarquer combien ces malades sont versatiles. Rassurés aujour-
d'hui, vous les trouverez demain dans un abattement profond. Rien cependant n'a varié dans leur
état. En ces mauvais lendemains, qu'ils se disent
donc et se répètent la phrase célèbre de Mirabeau :
« Nous sommes aujourd'hui ce que nous étions
hier, » et qu'ils agissent en conformité avec cette
affirmation. Une jeune dame, instruite, d'une intelligence vive et délicate, m'a dit s'être ainsi guérie de
préoccupations hypocondriaques, qui faisaient le
désespoir des siens et empoisonnaient sa vie.

VII

Mon père a écrit : « Si l'on pouvait faire qu'un hypocondriaque aimât autre chose que lui, pensât à autre chose qu'à lui, il serait presque guéri (1). » Il y a là tout un enseignement et tout un traitement.

VIII

Tant que nous n'avons pas été dupés par les hommes, nous les tenons ordinairement pour meilleurs qu'ils ne valent ; quand nous avons été bien des fois trompés, nous les faisons pires qu'ils ne sont. La vérité est assurément entre ces deux impressions extrêmes. Qui pourtant pourra se toujours tenir en ce juste milieu, tout de sagesse et de modération ?

IX

L'irrémédiable est souvent moins pénible que l'incertain. Supposez donc l'irrémédiable et vous vous délivrerez ainsi des tourments de l'incertitude.

(1) Max Simon, *Du Vertige nerveux.*

X

L'homme est et se sent soumis, quoi qu'il fasse, aux prescriptions de la morale. Il ne peut s'affranchir de la règle sans dommage pour lui-même et pour les autres, sans préjudice pour sa tranquillité et son bonheur. Comment s'en étonner? N'en est-il pas de même pour tous les êtres? Est-ce impunément que la nature inanimée elle-même est soustraite à la loi, LA LOI, cette morale de la matière? Non! nulle chose créée ne saurait durer en sortant du cercle immuable déterminé par sa nature. — Et quel est donc ce cercle pour l'homme? sinon cet espace lumineux que projette autour de lui sa conscience, et dont, sous peine de trouble, d'inquiétude, de ruine morale et même physique, il ne doit jamais sortir.

XI

Si la conscience nous indique notre chemin, si nous connaissons par elle nos devoirs et la règle que nous devons suivre, la science semble également nous montrer notre voie. Les caractères dont se sert le naturaliste pour classer les êtres créés sont liés intimement au genre de vie, aux aptitudes de ces êtres et les commandent. De telle sorte que telle aptitude, énoncée dans une nomenclature, suffira souvent à séparer nettement une série d'êtres organisés de la série la plus voisine. Or voyez quelle caractéristique la science a donnée à l'homme. Seul entre tous les êtres doués de vie, elle le nomme *sapiens*. *Homo sapiens!* Qui ne comprend tout ce que ce qualificatif emporte avec lui?

XII

Buffon a dit : Le style, c'est l'homme. Quelque chose de plus vrai encore serait ceci : La volonté, c'est l'homme. L'homme, en effet, n'a de puissance que par sa volonté qui seule peut mettre en valeur ses autres facultés.

XIII

Qui veut peut, dit un proverbe. Mais pouvoir vouloir! là est la question. Pour y arriver, il faut supprimer le futur dans le verbe. Ne dis pas : je ferai, fais; c'est ainsi que ta volonté se fortifiera. Il n'est pas de faculté liée plus étroitement à l'action que la volonté. Qui oserait affirmer que la volonté n'est pas déjà un mouvement commencé?

XIV

La faiblesse de la volonté est fréquente dans les maladies mentales ; elle constitue presque à elle seule certaines d'entre ces maladies. Aussi, importe-t-il à ceux qui veulent préserver leur raison d'exercer leur volonté. Et qu'on ne s'y trompe pas, c'est dans les plus petites choses que cet exercice se fera le mieux, parce que ces choses étant de tous les jours, la volonté sera tous les jours en action.

XV

L'immortel Molière a merveilleusement raillé le malade imaginaire, et, merveilleusement aussi, il a pris sur le fait ses petites misères, ses craintes puériles, ses mille sottises. A-t-il en cela manqué de pitié ? Non, car toutes les souffrances de son dolent personnage ne sont que les inquiétudes d'un être qui s'écoute vivre, d'une âme sans pensées sérieuses, d'une existence sans but. Ces misères empêcheront-elles un grand homme, qu'il s'appelle Cervantès ou Kant, d'accomplir sa tâche ? Non ! l'homme seulement sage même se dit : tu souffres, mais tu vis, qu'importe donc : *de minimis non curat prœtor*.

XVI

Tu dis que tu te portes mal. Mais qui donc se porte bien ? En fait de santé, il n'est pas d'équilibre parfait. L'équilibre instable est la condition de la machine humaine, et il y a de ces équilibres qui durent jusqu'à quatre-vingts ans.

XVII

Quand tu veux conserver ton estomac, tu te montres modéré dans le boire et dans le manger, tu es sobre en un mot. Mais à chaque instant, pour rien, pour moins que rien, tu t'irrites, tu t'emportes, tu ne sais imposer à tes désirs, à tes passions ni règle ni frein, et tu voudrais conserver la raison ? Cela est impossible. Comment veux-tu que le système nerveux, cet instrument de l'âme, résiste aux mouvements désordonnés de cette âme ?

XVIII

Pierre, Jacques, Philippe nous déplaisent et nous obsèdent. Cependant ils sont de chair et d'os, vêtus de drap, chaussés, coiffés, et il nous est souvent impossible de les fuir. Mais notre pensée est à nous, et si les déplaisants personnages ci-dessus mentionnés se présentent à notre esprit, nous pouvons les éloigner et appeler à notre aide, introduire dans notre compagnie qui nous plaît. Faisons ainsi, et, l'imagination chassant la réalité nous permettra de conserver le calme si propre à la saine raison.

XIX

Les uns s'agitent, vont, viennent, se remuent de toute façon, se trémoussent de mille sortes, tournent sur eux-mêmes, se démènent pour des riens; d'autres sont comme cloués au sol et semblent simplement végéter. En résumé, tous arrivent au terme final à peu près dans le même espace de temps : la vie est un chemin qui marche.

XX

« La grande maladie de l'âme, dit Tocqueville, c'est le froid, » c'est-à-dire : c'est l'inactivité, l'égoïsme, l'indifférence vis-à-vis de questions qui intéressent le plus l'humanité; l'absence de sympathie pour les autres, de compassion pour ce qui souffre.

XXI

Qui donc est seul, quand il peut comprendre la nature ? Regardez : partout la lumière, partout la vie,

partout ces formes infiniment variées dont la seule
étude a certainement servi de type à toutes les archi-
tectures humaines universellement admirées. On apprend à aimer mille choses indifférentes, ou même,
pour lesquelles on n'avait d'abord que de la répulsion ; que n'apprend-on à aimer la nature ?

XXII

Parmi les études que je considère comme les plus
propres à calmer l'âme, je signalerai surtout l'astro-
nomie, l'histoire naturelle, la géographie, en général,
la cosmologie. Je recommanderai aussi la lecture des
voyages, qui rentre, en somme, dans la science du
monde ; enfin, la vie des grands hommes qui ont
aimé la justice et la vérité.

XXIII

Les injustices souffertes, les injures reçues, les
calomnies supportées, laissent souvent au cœur de
l'homme comme une plaie douloureuse, que le souvenir du passé avive et irrite; dans son esprit, une
pensée amère et poignante. Il ne faut pas s'obstiner
dans cette douleur, se nourrir de cette amertume. Il
faut pardonner. Le pardon facile doit être le meilleur
fruit de l'expérience de la vie, de la connaissance des

hommes. « Il faut être bien jeune, a dit mon père, dans l'éloge de Lepecq de la Cloture, pour avoir une foi entière dans la justice des hommes : mais cette science de l'injustice humaine est science vaine, et elle ne vaut pas la peine qu'elle coûte, si elle n'apprend bientôt à pardonner (1). »

XXIV

Il est certain que le pardon apporte à l'âme un apaisement singulier. Et pour pardonner, que faut-il souvent ? Seulement comprendre les motifs, les intentions de ceux qui nous ont offensés : souvent, bien souvent, comprendre, c'est pardonner.

XXV

Nous avons généralement dans nos jugements quelque chose d'inflexible et d'absolu, tout à fait en opposition avec cette pauvre condition humaine essentiellement contingente. Tenant nos opinions pour des axiomes, c'est avec peine que nous supportons les sentiments des autres. C'est un grave tort : la vérité est une, en effet ; mais elle a bien des faces, et

(1) Max Simon, *Étude pratique sur le traitement des épidémies au dix-huitième siècle, appréciation des travaux et éloge de Lepecq de la Cloture,*

l'on aperçoit une face différente, suivant qu'on est assis à telle ou telle place en ce théâtre du monde.

XXVI

Soyons justes, toujours, en toute chose. Soyons justes, contre notre secret désir, même, et surtout, contre notre passion. Il semble, tout d'abord, qu'il n'y ait là qu'affaire de morale pure, tandis qu'il se rencontre qu'en agissant ainsi, nous faisons de la bonne, de la véritable hygiène. Justice, calme, santé, tout cela se suit, se tient, s'enchaîne.

XXVII

L'habitude des occupations intellectuelles, dit Mᵐᵉ de Staël, inspire une bienveillance éclairée pour les hommes et pour les choses; on ne tient plus à soi comme à un être privilégié : *Quand on en sait beaucoup sur la destinée humaine, on ne s'irrite plus de chaque circonstance comme d'une chose sans exemple ;* et la justice n'étant que l'habitude de considérer les rapports des êtres entre eux sous un point de vue général, l'étendue de l'esprit sert à nous détacher des calculs personnels (1).

(1) Mᵐᵉ de Staël, *De l'Allemagne.*

7.

XXVIII

L'envie est assurément une des affections les plus funestes de l'âme : on ne saurait jamais assez, à ce point de vue, en signaler les inconvénients, en inspirer l'horreur ; aussi bien, les moralistes l'ont-ils fréquemment étudiée. Mais il est certaines nuances de cette triste passion que les écrivains semblent n'avoir point aperçues. De ces nuances, en voici une qui n'a pas, que je sache, été jamais signalée ; j'en ferai un portrait : L'envieux, dirai-je, ne manque pas de mérite. Il pouvait faire son œuvre et il ne l'a point faite, parce que le courage ou la persévérance lui ont manqué, rien dans ce monde ne se conquérant que de lutte. Aussi, quand, dans le champ de son ambition, il voit quelque vérité découverte, quelque chose de pris par un plus vaillant, il considère cette conquête comme un vol qui lui est fait. Il diminue, il atténue, il dénigre son rival : cependant il souffre.

XXIX

Voyez ce qu'écrit de l'ambition et de la poursuite des honneurs un de nos romanciers les plus distingués : « Souvent l'ambition se réduit, dit M. Henri

Rivière, sur une moindre échelle qu'à la cour, à l'art banal du courtisan, à de petites manœuvres, à de petites perfidies, à de grandes courbettes; combien j'en ai vu qui suivaient ce chemin, humbles, effarés, inquiets, et qui, après toute une vie de dépendance et de convoitises, retombaient à leur mort des plus hauts sommets de la gloire factice à laquelle ils avaient su atteindre dans l'obscurité de l'histoire et dans l'oubli de tous. » Ainsi donc, pendant la vie, l'inquiétude, l'effarement : après la mort, l'oubli. Qui donc, après cela, osera vanter l'ambition ?

XXX

Il est rare que dans le train ordinaire de la vie nous ne soyons pas critiqués, blâmés, décriés; qu'on ne nous cherche pas de pénibles et injustes querelles; qu'on ne s'efforce pas de faire échouer nos projets ; qu'on ne nous dresse pas de petites embûches. Il faut mépriser tout cela, ne pas s'en apercevoir. Faites ainsi, et vous déjouerez souvent les projets de ceux qui vous veulent du mal; de plus, vous ferez preuve de plus d'esprit que ce qui vous entoure. Je sais bien, il est vrai, que, pour faire cette preuve vis-à-vis des autres, il faut souvent avoir véritablement plus d'esprit que les autres.

XXXI

Il semble qu'aussi bien que certains défauts, certaines qualités doivent éloigner de certaines professions. La très grande pénétration d'esprit faisant
voir tous les côtés des choses, toutes les possibilités
des faits, engendre nécessairement l'indécision. Or,
combien de professions où l'indécision est mauvaise,
combien surtout où elle est extrêmement pénible pour
celui qui l'éprouve.

XXXII

C'est chose presque vulgaire et assurément de
commune rencontre que d'administrer convenable-
ment une terre, une maison, une fortune. Mais gou-
verner, comme il est désirable, son organisme et
son esprit, est quelque chose de plus rare. Il sem-
blerait qu'il soit besoin pour cela d'un sens tout
spécial.

XXXIII

C'est une opinion acceptée aujourd'hui et juste
que l'hystérie consiste dans la prédominance des
actes inconscients sur la vie cérébrale. La femme
hystérique est un être essentiellement réflexe; le cerveau semble être chez elle, en tant que régulateur,

un simple organe de luxe. Pour n'arriver point à ce
regrettable résultat, disciplinons de bonne heure
chez les enfants la partie inconsciente du système
nerveux : pas de pleurs, pas de cris, pas de colères
sans motifs : tout cela, c'est de la vie réflexe. Habi-
tuons le cerveau à commander, à diriger, à empêcher ces manifestations, quand elles n'ont pas de raison d'être. Il y a là quelque chose d'extrêmement
important ; car, qu'on ne l'oublie pas: cris, pleurs, colères sans motifs à dix ans, c'est l'hystérie à vingt.(1)

XXXIV

Lorsque l'on est content de soi, on est généralement content des autres, dit le proverbe. J'imagine
que ce proverbe pourrait être retourné et que l'on
dirait sans moins de raison : Lorsqu'on est content
des autres, il y a chance pour avoir le contentement
de soi. Soyons donc contents des autres, c'est-à-dire,
ne leur demandons pas une perfection que ne comporte pas la nature humaine ; soyons indulgents,
apprécions les motifs de chacun et les comprenons.
Alors, rien dans les actions des hommes ne nous ir-
ritera plus et, notre âme étant tranquille, notre esprit conservera son équilibre.

(1) *Voyez* note F.

XXXV

Non a trois lettres seulement ; *oui* n'en a pas davantage. Les deux mots sont également faciles à prononcer : il y a là une des plus fréquentes sources de nos erreurs et de nos ennuis. Du reste, ces réponses hâtives, *oui* et *non*, sont souvent presque de l'instinct : elles ne sont point articulées, elles éclatent, — chose mauvaise. Réfléchissez, ne s'agît-il que d'un simple mot : que la tête domine toujours.

XXXVI

Beaucoup sont incertains, pour avoir une trop haute idée de la valeur de l'esprit humain. Ces personnes n'osent se prononcer, dire ce qu'elles pensent, de peur que leur sentiment ne soit pas conforme au sentiment général. Aussi, leurs discours sont-ils précédés d'un préambule, accompagnés d'un commentaire, suivis d'une ou plusieurs restrictions. Mais prononcez-vous donc ! on ne vous demande pas si telle chose est bleue ou jaune, mais si vous voyez bleu ou jaune : ce qui est bien différent, et ce qui est, pourtant, la seule chose qu'on puisse sérieusement vous demander.

XXXVII

Comme il y a un milieu extérieur, il y a un milieu intérieur. Mais, tandis que le milieu extérieur s'impose, sans que nous ayons d'action sur lui, le milieu intérieur nous appartient : c'est le faisceau de nos pensées, de nos désirs, de nos amitiés, de nos souvenirs. Faisons-nous tout cela bon, noble, élevé, et nous vivrons toujours en bon lieu.

XXXVIII

Il y a une solitude plus grande que la solitude des bois, que celle des plaines, que celle des déserts : c'est la solitude d'un entourage qui n'a rien de vos pensées, rien de vos affections, rien de vos désirs.

XXXIX

Termes corrélatifs :
Haine, envie : tristesse, inquiétude.
Bienveillance, bonté : joie, calme.

XL

Jamais de marche oblique, par des voies obscures.
En ligne droite, devant tous : *ad lucem per lucem.*

XLI

Il y a plusieurs sortes de solitudes : il y a les bois, la plaine, la montagne ; il y a aussi la foule.

XLII

L'homme est en général un prodigieux partisan de *demain* : il sera sage, il sera vertueux, il sera énergique demain. Et pourtant qu'est demain ? sinon le rêve, l'indéterminé, l'inconnu. Le jour, l'heure présente, voilà la force, le domaine de l'homme. Si le *carpe diem* du poète a un degré de vérité quand il s'agit du plaisir, combien il est plus juste, plus moral, plus profondément vrai, au point de vue de l'activité de la vie et de l'amélioration de soi.

XLIII

Excès aujourd'hui ; demain faiblesse ; plus tard regrets.

LXIV

Toute machine surmenée fonctionne mal, s'use avant le temps, finalement se brise. Comment cette machine si délicate, qu'on appelle le système nerveux, échapperait-elle à cette loi ? Elle n'y échappe pas : désordre à trente ans, folie paralytique à quarante. Il y a là matière à réflexion.

XLV

Qui ne voit qu'étant données l'incertitude de la destinée et les incessantes variations de la vie humaine, le malheur d'aujourd'hui est presque une promesse de bonheur pour demain. Le spectacle du monde n'autorise-t-il pas, jusqu'à un certain point, le philosophe à mettre dans la bouche de l'homme heureux, s'adressant à l'infortuné, la maxime : *Hodiè mihi, cràs tibi?* J'imagine que oui, et je pense qu'il y a là un motif d'espérance et de consolation.

XLVI

Défendre les petits, les faibles, les opprimés, excellent régime pour se préserver de l'ennui, de la tristesse, de l'inaction. De plus, cette pensée : en telle circonstance, j'ai été secourable et bon, est merveilleusement propre à calmer l'âme et à rasséréner l'esprit.

XLVII

Il y a dans la vue de la mer, dans la vaste étendue des endroits déserts, dans le vivant silence de la forêt, quelque chose qui calme et qui apaise. Regarder la mer, errer à travers la plaine immense, marcher parmi la forêt bruissante : trois ressources qu'une âme péniblement impressionnée ne doit pas négliger.

XLVIII

Il est une sorte d'hommes que l'on doit par dessus tout chercher à éviter : ce sont les hommes astucieux, fertiles en tromperies. Les natures droites surtout souffrent du contact de ces gens. Confiantes, elles se livrent et l'on abuse de leur sincérité ; on les trompe, on les leurre : la tromperie succède à la tromperie, une ruse s'échafaude sur une autre. Et cela est sans terme. Que la victime de ces imposteurs n'ait pas un esprit de bonne trempe, la défiance finissant par être éveillée en son âme, il arrivera bientôt que les paroles les plus loyales seront suspectées, et peut-être les meilleurs amis en butte au soupçon. Qui ne voit le danger de cette défiance sans cesse en éveil ? Un pas de plus et il ne s'agira plus d'un simple travers de caractère, nous serons en pleine aliénation mentale. Que si vous vous trouvez en contact avec de tels hommes et que vous les puissiez fuir, fuyez-les : fuyez au loin ; marchez, marchez encore, et ne vous arrêtez que lorsqu'il n'y aura plus dans votre atmosphère un atome de l'air qu'ils respirent.

XLIX

« Ce qui sera, sera. » Ce proverbe exprime tout ce qu'a d'inflexible l'enchaînement des événements dans la destinée humaine. Soit ! ce qui sera, sera. Mais si nous formons chaque jour en nous une âme noble et haute, les caprices de la fortune nous trouveront aux jours mauvais fermes et préparés.

L

A celui qui craindrait la mort, je dirais : prends un but, quel qu'il soit, fût-ce une chimère. Celui qui a un but ne meurt pas. Il vit pour sa passion, pour son idée, pour sa chimère. Combien de vieux collectionneurs, de vieux amateurs, de vieux avares ! Et qu'est-ce ces hommes ? sinon des gens qui nourrissaient un rêve, une chimère, une passion, qu'on me passe une expresion peut-être un peu trop pittoresque, *un ours*.

LI

Méditez ce mot un peu triste, mais souvent vrai, en somme, d'un des esprits les plus remarquables de

ce temps, écrivain éminent et penseur profond,
M. Emile Montégut : « Le bonheur consiste à savoir
vivre sans soleil. » N'est-ce pas là, en quelques lignes,
une philosophie du bonheur à l'usage de tous ?

LII

« Certaines passions, dit un humoriste, vont à
certains hommes comme un casque à un lapin. » Il
va sans dire que pour ces hommes, ces passions sont
les plus funestes, les plus propres à entraîner la perte
de la raison. Par ces passions, en effet, ils sont dou-
blement hors de leur voie.

LIII

Nous nous agitons, nous nous emportons pour les
motifs les plus futiles. Sachons être calmes. Dans le
temps que Newton découvrit les lois de l'attraction,
un petit chien qu'il possédait ayant déchiré en jouant
une série de calculs, fruit de plusieurs années de recherches, le grand astronome se contenta de dire :
« Pauvre petit animal, tu ne te doutes pas du mal
que tu viens de me faire ! » Si nous ne pouvons être
Newton par le génie, ayons au moins de commun
avec lui une patiente résignation.

LIV

On lit dans la Bible qu'Esaü céda son droit d'aînesse pour un plat de lentilles; aujourd'hui, il n'y a
plus de droit d'aînesse, ou plutôt, tout le monde
jouit de ce droit et le cède, hélas ! trop souvent. Cé-
der son droit d'aînesse, à l'heure présente, c'est sacri-
fier sa jeunesse, sa santé, son avenir, les espérances
que de belles facultés ont pu faire concevoir au jeu,
au désordre, à des drôlesses. Et n'y a-t-il pas là
aussi le plat de lentilles ? et quelles lentilles !

LV

Certains cabarets portent en enseigne : ici l'on
vend à boire et à manger. Certaines maladies mettent
sur ceux qui en sont atteints une enseigne non moins
apparente, où on lit clairement : *Ici on a trop bu et
trop mangé.*

LVI

Si je ne craignais de me faire accuser de paradoxe,
je dirais : Il faut se mal porter pour vivre longtemps.
En effet, qui se porte bien se prodigue, qui se sent
faible se ménage et va loin, économisant sa vie.

L VII

Economiser sa vie! Combien n'y songent qu'alors qu'ils ont dépensé le plus clair de leur revenu! Ceux-là cependant ne doivent pas se décourager : tant de gens, en un autre ordre d'idées, savent se suffire et durer avec un petit bien.

NOTES

—

A

La syphilomanie est un travers assez répandu. Une des
causes les plus fréquentes de ces craintes exagérées, souvent ridicules, est la lecture de livres spéciaux traitant de
ces questions par des personnes qui n'ont point étudié la médecine. Tout ce que lisent ces personnes, elles s'imaginent
l'éprouver; leur imagination s'effraie, et quelques cas singuliers de contagion spécifique à elles connus viennent encore
augmenter leur crainte, et la porter parfois à ce point où la
crainte devient véritablement de la maladie. J'ai rassuré le
lecteur sur ces propagations de virus bizarres, insolites. Je
dois dire pourtant qu'il faut prendre quelques précautions
dans les relations que peut entraîner avec les contaminés
l'obligation d'une vie commune. Ces précautions consistent à
ne point se servir des objets intimes dont usent les personnes
malades, objets de toilette, pipes, etc. Ce serait là le cas précisément de dire, avec le poète, mais non plus, cette fois, au
figuré :

Mon verre n'est pas grand, mais je bois dans mon verre.

B

Plutarque trace dans les termes suivants ce portrait de l'homme possédé de la terreur des dieux :

« Il craint tout, la terre et le ciel, les ténèbres et la lumière, le bruit et le silence. Pour lui, point de repos ; le sommeil ne lui apporte que des songes horribles. A son réveil, il court demander le sens de ses visions à des fourbes qui le rançonnent et le renvoient chez les sorcières apprendre le secret des incantations purifiantes. Instruit par ces vieilles, il se plonge dans la mer, il se meurtrit le front contre la terre, il se tient des journées entières sur le seuil de son logis, immobile comme un poteau, tantôt enveloppé d'un sac, tantôt couvert de guenilles infectes, ou bien il se roule tout nu dans la boue et dans l'ordure, tout cela pour expier des forfaits souvent imaginaires. Entre-t-il dans un temple ; à le voir livide et frémissant, vous croiriez qu'il pénètre dans l'antre d'un dragon. Trouvera-t-il, du moins, la paix dans la tombe ? non, il n'entrevoit au-delà de la mort que juges, bourreaux, fleuves enflammés, éternels supplices. Quand le malheur l'écrase, il n'accuse ni les choses, ni les hommes, ni lui-même : il ne s'en prend qu'à Dieu. C'est Dieu qui, pour se venger, détruit ses biens, ruine ses entreprises, l'accable de maladies et tue ses enfants. Au lieu d'opposer au destin une âme courageuse et virile, il s'abandonne lui-même et ne fait que gémir. Il redoute les dieux et les implore ; il les prie et les accuse ; il les flatte et les calomnie. C'est un infortuné ; bien plus, c'est un blasphémateur et un impie. »

(Cité d'après M. Ch. Lévêque.*)*

C

La superstition est vieille comme le monde. On voit, en effet, par le *Véda* et l'*Avesta*, que les Aryas avaient la superstition du *mauvais œil*. On connaît, du reste, les superstitions des Romains. Chose curieuse encore, les croyances superstitieuses revêtent souvent les mêmes formes dans des pays fort éloignés les uns des autres, chez des peuples de race diverse et de civilisation très différente. C'est ainsi que chez les Annamites, aussi bien que dans certaines provinces de France, le cri de certains oiseaux est considéré comme un signe de mort; que chez les Afghans la superstition du mauvais œil est aussi répandue qu'en Italie.

Les Anglais, qui faisaient partie de la mission envoyée dans l'Afghanistan, en 1857, étaient considérés comme jouissant de cette fatale influence. « J'avais souvent vu, dit le docteur Bellew, les gens devant lesquels nous passions cracher à terre et marmotter entre leurs dents je ne sais quelles formules inintelligibles. On m'a expliqué que c'était afin de se soustraire à la malignité de nos regards. » Il serait facile de multiplier les exemples : tous les peuples, tous les pays, toutes les races nous en fourniraient, tant il est vrai que l'esprit humain est partout le même, partout porté aux merveilleux et soumis à la crainte. Le goût du merveilleux et la propension à la crainte sont, en effet, les sources vives, si je puis ainsi parler, de la superstition.

D

M. Henri de Parville rapporte comme il suit, dans sa revue scientifique du *Journal des Débats*, les expériences d'un physiologiste anglais, M. Kingzett :

« M. Kingzett a pris des cerveaux de bœuf qu'il a plon-
gés, pendant un certain temps, soit dans de l'eau, soit dans
de l'alcool étendu d'eau à la température ordinaire du
corps. Il a ensuite analysé les cerveaux qui avaient sé-
journé dans les mélanges alcoolisés. Tant que la proportion
d'alcool est faible, le liquide n'exerce pas plus d'effet sur
le cerveau que l'eau pure ; mais, dès que l'alcool entre en
quantité notable, le liquide dissout une partie considérable
du tissu cérébral, y compris plusieurs de ses éléments essentiels.

« On ne saurait évidemment passer sans plus de scrupule
du cerveau mort au cerveau vivant et appliquer à celui-ci
les conclusions précédentes. Toutefois, il est peu probable
que la présence du sang dans la matière cérébrale empêche
l'action observée par M. Kingzett de se produire plus ou
moins. L'alcool doit dissoudre, chez l'animal vivant, la matière cérébrale un peu comme chez l'animal mort, de façon
à altérer sa composition et ses propriétés. Du reste, l'au-
topsie révèle chez tous les buveurs invétérés une hypertro-
phie bien marquée du tissu connectif du cerveau. Aux autres causes bien connues d'altération de l'organisme par
l'alcool, un pourrait donc encore ajouter celle que vient de
mentionner M. Kingzett. On ne saurait trop le répéter :
l'alcool à haute dose est l'un des plus grands perturbateurs
des fonctions physiologiques. Contrairement à l'opinion des
buveurs, on n'en vit pas, on en meurt. »

(*Journal des Débats*, 25 janvier 1877.)

E

Depuis la première édition de ce petit livre, diverses ten-
tatives ont été faites dans le but de permettre aux femmes
ayant reçu une instruction convenable d'utiliser leurs aptitudes dans certaines carrières dont jusqu'ici les hommes
avaient le privilège. Nous mentionnerons entre autres l'ad-
mission des femmes à divers emplois dans l'administration
des lignes télégraphiques. Voilà qui est bon, et nous ne
pouvons qu'applaudir. Nous devons cependant faire observer qu'on ne doit marcher dans cette voie qu'avec prudence et
réserve, en se rappelant qu'il est nombre de carrières que
la délicatesse de la femme lui interdisent absolument. La
femme égale de l'homme, quant aux qualités de l'esprit, oui ;
mais pourtant essentiellement différente : c'est là ce qu'il ne
faut jamais oublier.

F

Il est certain qu'aujourd'hui, dans les villes principalement, l'hystérie est la maladie à la mode : elle court les
rues. Or, le trait essentiel de cette affection, c'est la prédominance de la vie spinale sur la vie cérébrale.

Que faut-il faire pour combattre cette prédominance ?
Voici quelques conseils de Niemayer à ce sujet, et assurément on ne saurait mieux dire : « Que l'on donne aux enfants, écrit l'auteur allemand, des habitudes de travail,
qu'on cherche à les rendre consciencieux, qu'on les exerce
à se maîtriser, qu'on ne laisse pas les jeunes filles passer
des journées entières à broder et à faire d'autres ouvrages
insignifiants qui n'occupent pas leur esprit et leur permet-

tent de se livrer sans réserve à leurs pensées et à leurs rêveries ; qu'on les préserve des mauvaises lectures qui exaltent
leur imagination, et l'on aura pris les mesures les plus effi-
caces de toutes pour détourner d'elles le danger de l'hystérie (1). »

(1) Niemayer, *Traité de pathologie.*

TABLE

—

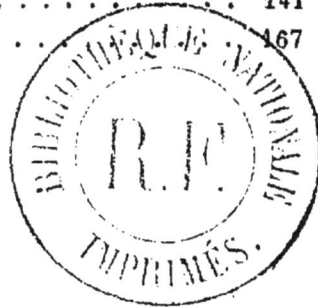

Dijon, imprimerie Darantiere, rue Chabot-Charny.

LIBRAIRIE J.-B. BAILLIÈRE ET FILS

FONSSAGRIVES (J.-B.) — **Principes de thérapeutique générale**, ou le médicament étudié, aux points de vue physiologique, posologique et clinique, par J.-B. FONSSAGRIVES, professeur à la Faculté de médecine de Montpellier. Paris, 1875, 1 vol. in-8 de 450 pages. 7 fr.

— **Hygiène et assainissement des villes.** Campagnes et villes; conditions originelles des villes; rues; quartiers; plantations; promenades, éclairages; cimetières; égouts; eaux publiques; atmosphère; population; salubrité; mortalité; institutions actuelles d'hygiène municipale; indications pour l'étude de l'hygiène des villes. Paris, 1874, 1 vol. in-8 de 568 pages. 8 fr.

— **Hygiène alimentaire** des malades, des convalescents et des valétudinaires, ou du régime envisagé comme moyen thérapeutique. 2e *édition*. Paris, 1867, 1 vol. in-8 de XXXII-698 pages. 9 fr.

— **Traité d'hygiène navale**, 2e *édition*. Paris, 1877, 1 vol. in-8, 800 pages, 200 fig.

Dr JOLLY. — **Le Tabac et l'Absinthe**, leur influence sur la santé publique, sur l'ordre moral et social, par le docteur Paul Jolly, membre de l'Académie de médecine. Paris, 1875, 1 vol. in-18 jésus de 216 pages. 2 fr.

— **Hygiène morale.** Paris, 1877, in-18 jésus, 300 pages. 2 fr.

> *Table des matières.* — L'homme, la vie, l'instinct, la curiosité, l'imitation, l'habitude, la mémoire, l'imagination, la volonté.

Dr MAX SIMON père. — **Du vertige nerveux** et de son traitement. Paris, 1858, in-4, 150 pages.

— **Déontologie médicale**, ou des devoirs des médecins dans l'état actuel de la civilisation. Paris, 1845, in-8. 7 fr. 50

— **Etude pratique, rétrospective et comparée sur le traitement des épidémies** au XVIIIe siècle. Appréciation des travaux et Eloge de Lepecq de la Clôture, médecin épidémiographe de la Normandie. Paris, 1853, in-8, 332 pages, avec le portrait de Lepecq de la Cloture. 5 fr.

FEUCHTERSLEBEN. — **Hygiène de l'âme**, par E. de FEUCHTERSLEBEN, professeur à la Faculté de médecine de Vienne. 3e *édition*, précédée d'études biographiques et littéraires. Paris, 1870, 1 vol in-18 jésus de 260 p. 2 fr. 50

PEISSE (Louis). — **La médecine et les médecins**, philosophie, doctrines, institutions, critiques, mœurs et biographies médicales. Paris, 1857, 2 vol. in-12 jésus. 7 fr.

GUARDIA. — **La Médecine à travers les siècles.** Histoire et philosophie, 1865, in-8 de 800 pages. 10 fr.

RÉVEILLÉ-PARISSE. — **Physiologie et hygiène des hommes livrés aux travaux de l'esprit** ou Recherches sur le physique et le moral, les habitudes et le régime des gens de lettres, artistes, savants, hommes d'État, jurisconsultes, administrateurs, etc., par J.-H. RÉVEILLÉ-PARISSE, membre de l'Académie de médecine. Edition entièrement refondue et mise au courant des progrès de la science par le docteur Edouard CARRIÈRE, lauréat de l'Institut (Académie des sciences), 1881, in-18 jésus de 433 pages. 4 fr.

DIJON, IMP. DARANTIERE, RUE CHABOT-CHARNY.